RELIEFS

N° 13

PRAIRIES

« JUSQU'AU XIXE SIÈCLE
LES SCIENTIFIQUES ÉTAIENT
DES AVENTURIERS, [...]
L'EXPLORATION DE **LA PLANÈTE**
N'ÉTAIT PAS TERMINÉE.

MAINTENANT,
IL FAUT PLUTÔT CHERCHER
À SAVOIR COMMENT **LE MONDE**
QUI NOUS ENTOURE
FONCTIONNE ET SURTOUT
COMMENT **L'HOMME**
VA SE CONDUIRE À L'ÉGARD
DE CETTE PETITE BOULE
SI FRAGILE TOURNANT DANS
L'UNIVERS. »

Théodore Monod

L'ESCARGOT ET LA TORTUE

Gilbert White

Selborne, le 21 avril 1780

Cher Monsieur,

La vieille tortue du Sussex dont je vous ai souvent parlé est maintenant à moi. Je l'ai extirpée de sa retraite hivernale en mars dernier, quand elle était assez éveillée pour exprimer son mécontentement avec force sifflements. Je l'ai empaquetée dans une boîte avec de la terre et je lui ai fait faire quatre-vingts milles en chaise de poste. Le bruit et la vitesse du voyage l'avaient tant excitée que lorsque je l'ai sortie de la boîte pour la déposer sur une plate-bande, elle a fait deux fois l'aller et retour de mon jardin. Cependant, le soir comme il faisait froid, elle s'est enfouie dans la terre meuble où elle est toujours cachée.

Comme je l'aurai sous les yeux, je vais avoir l'occasion d'élargir mes observations sur son style de vie et ses inclinations. Je m'aperçois déjà que, comme elle se prépare à sortir, elle pratique une ouverture dans le sol au niveau de sa tête pour respirer, et j'en conclus qu'elle a besoin de plus de liberté de respiration au fur et à mesure qu'elle devient plus vivante. Non seulement cette bête disparaît sous terre du milieu de novembre au milieu d'avril, mais elle dort une partie de l'été : en effet, durant les jours les plus longs, elle va se coucher à quatre heures de l'après-midi et ne sort souvent de son sommeil qu'en fin de matinée. De plus, elle va se reposer à chaque averse, et les jours de pluie, elle ne bouge pas du tout.

Quand on réfléchit à l'état de cette étrange créature, on ne peut que s'étonner de trouver que la Providence puisse octroyer une telle profusion de jours, un tel gaspillage de longévité, à un reptile qui semble si peu en profiter qu'il passe les deux tiers de son existence dans un état de torpeur sans joie, incapable de ressentir quoi que ce soit pendant des mois, plongé dans le plus profond sommeil.

Tandis que j'écrivais cette lettre, sous l'effet de l'humidité et de la chaleur de l'après-midi (le thermomètre marquant 50 °F) apparurent des bataillons d'escargots et, à ce moment précis, la tortue souleva la terre où elle était enfouie et sortit la tête. Le lendemain matin, comme si elle était ressuscitée, elle se promena jusqu'à quatre heures de l'après-midi. Ce fut une bien curieuse coïncidence, un événement for amusant ! Voir ainsi tant de similitude de sentiments entre ces deux animaux qui portent leur maison sur le dos puisque c'est ainsi [φερέοικοι] que les Grecs appellent l'escargot et la tortue.

Les oiseaux d'été arrivent anormalement tard, en ce printemps froid et tardif ; je n'ai vu jusqu'ici qu'une hirondelle. La conformité de ce comportement avec le temps me convainc de plus en plus que les hirondelles dorment l'hiver.

Gilbert White, Histoire naturelle de Selborne, Le Mot et le Reste, Traduit de l'anglais par Nicole Mallet, [1789] 2011
Illustration de Linnea Sterte

COURANTS OCÉANIQUES

Courant froid

Courant chaud

Tapis roulant

« Continent de plastique »

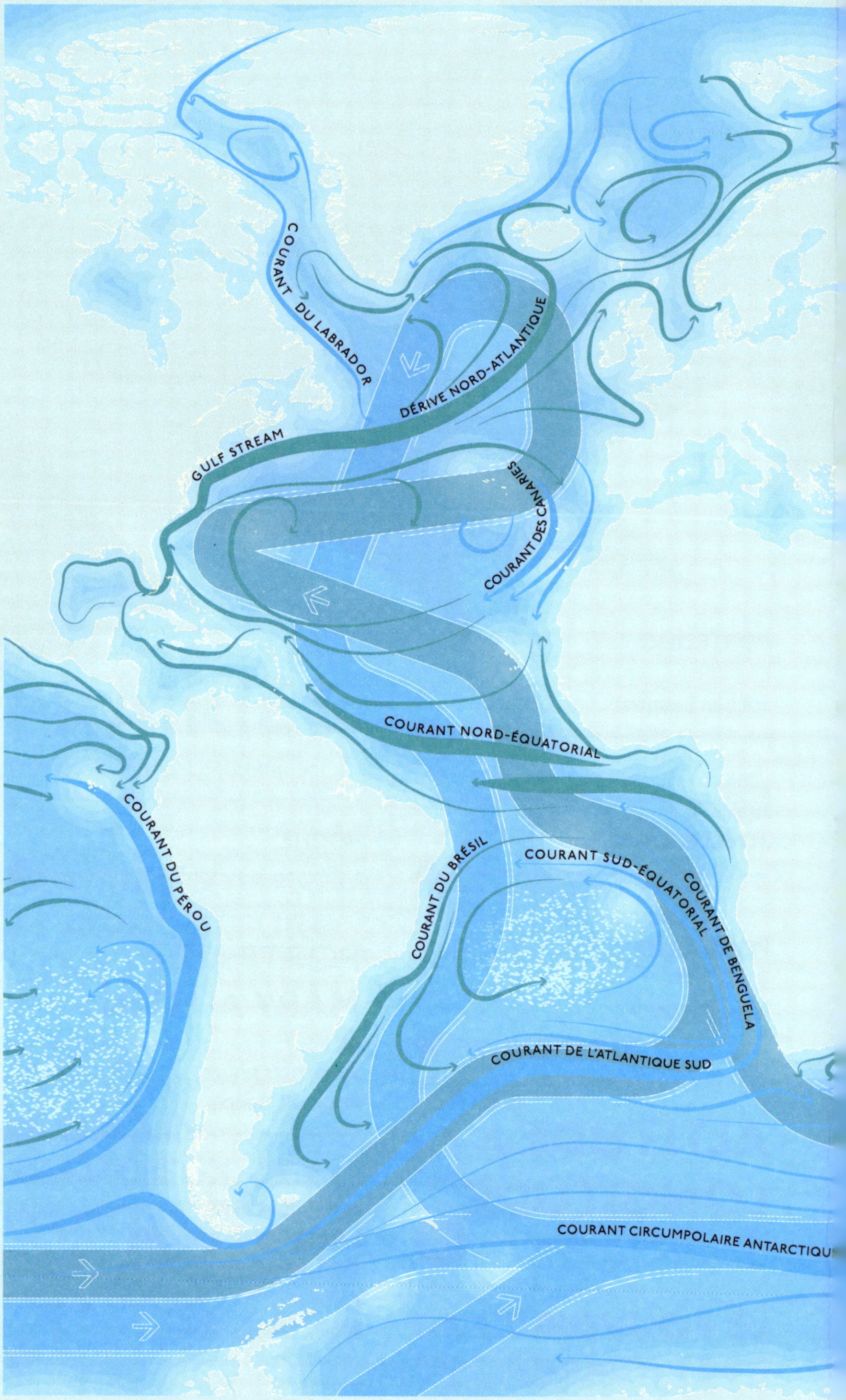

PHÉNOMÈNE DU TAPIS ROULANT

Dans l'Atlantique Nord, les eaux de surface plongent vers le sud (mouvement engendré par le Gulf Stream qui a fait remonter des eaux chaudes de l'équateur). Devenues profondes, elles descendent jusqu'à l'Antarctique, suivent le courant circumpolaire et, poussées vers l'est, atteignent les océans Indien et Pacifique, où elles remontent en surface. Suivant les grands gyres provoqués par la force de Coriolis, elles retournent alors à l'Atlantique.

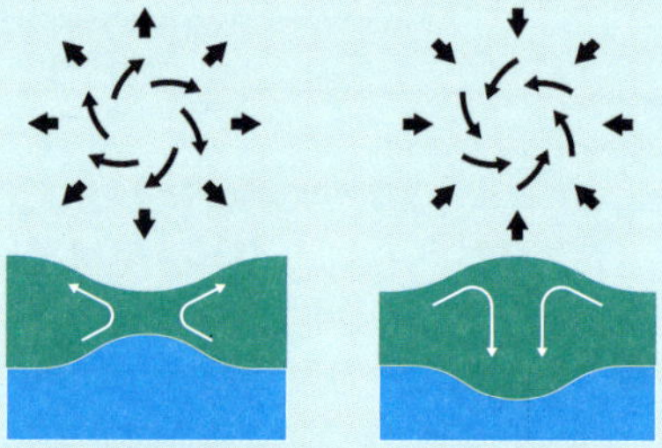

FORCE DE CORIOLIS

Non, elle ne change pas le sens de l'écoulement dans les lavabos à l'équateur ! La force (ou effet) découverte par le mathématicien Gaspard-Gustave de Coriolis (1792-1843) – « Toute particule en mouvement dans l'hémisphère nord est déviée vers sa droite, vers sa gauche dans l'hémisphère sud » – dépend de la rotation de la Terre et de la latitude où l'on se trouve et concourt aux mouvements et gyres (vortex) des vents et des océans, mais elle est bien trop faible pour si peu d'eau.

CIRCULATION THERMOHALINE

- Eaux superficielles
- Enfoncement des eaux
- Diffusion en eaux profondes
- Thermocline

Engendrée par les différences de densité de l'eau de mer, la circulation thermohaline, appelée aussi circulation méridienne de retournement (MOC), est la plus intense dans l'océan Atlantique : les eaux refroidies et salées circulent à des profondeurs de 1 à 3 km puis finissent par remonter, en une boucle de plus de 1 000 ans pour chaque goutte d'eau. Le tout contribue à la redistribution de la chaleur sur la Terre et joue un rôle important dans le cycle du carbone.

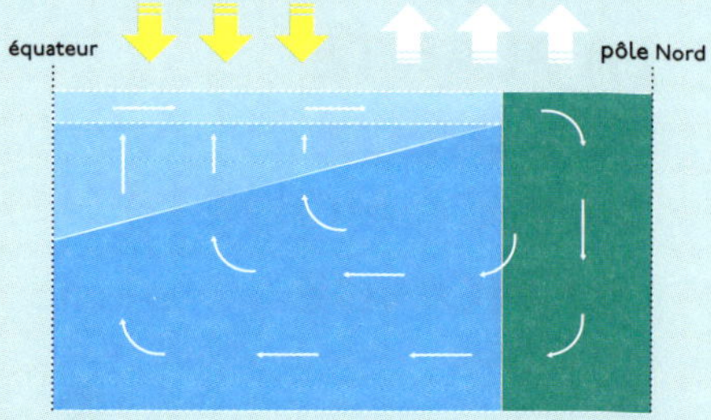

CIRCULATION DES DENSITÉS

- Couche mélangée
- Pycnocline (couche verticale)
- Couche profonde

La température, la salinité et la densité des océans, dans leurs couches supérieures, sont essentiellement gouvernées par les conditions extérieures. En dessous, la chute brutale de la température est liée à la thermocline, zone de transition rapide entre eaux superficielles et profondes.

Au niveau des pôles, les eaux de surface ayant une salinité supérieure à la moyenne (la glace est douce), la thermocline remonte, et l'eau froide et dense plonge. Cette « structure verticale » des températures, de la salinité et de la densité produit aussi, surtout le long des côtes, des remontées d'eau (upwelling) qui apportent avec elles une grande quantité de poissons.

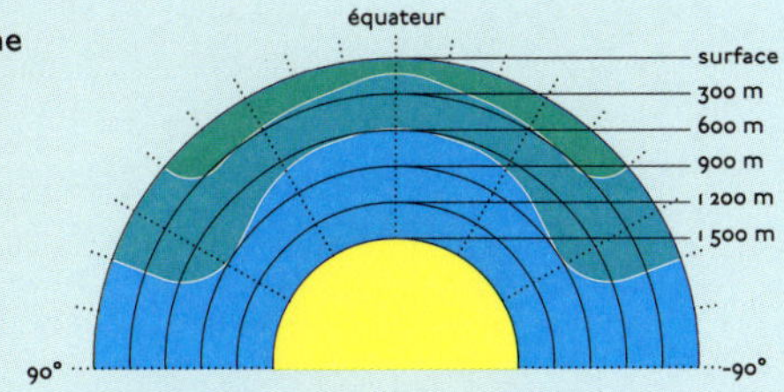

最新漫畫鳥瞰圖
北氷洋
印度洋
英吉利

WORLD NEW CARTOON BIRD VIEW MAP

Harumoto Ogawa

Cette carte était offerte en cadeau avec l'édition du 1er janvier 1924 du magazine en couleurs *The Pictorial World – Nisshi Dai Jihen Go*, né en 1922 et disparu en 2002. Remplie de détails amusants par son auteur, elle comporte un joli lot de bizarreries : une tête de mort en Allemagne, un hippopotame au Brésil, un guerrier africain à Taïwan, deux autres en Australie, Napoléon toujours à Sainte-Hélène et même des pingouins dans l'Antarctique ! À cette époque, la fin de l'ère Taishō (1912-1926), l'état d'esprit au Japon est à la fois à l'optimisme et à l'angoisse : le développement économique, la poussée démographique, l'ouverture démocratique et la floraison culturelle et journalistique pèsent peu face au séisme de Kantō, qui a tué plus de 100 000 personnes à Yokohama et Tokyo en septembre 1923, immédiatement suivi du « massacre de Kantō », où plus de 6 000 Coréens ont été lynchés par l'armée, la police et des nervis, et qui s'est conclu en décembre par « l'incident de Toranomon », tentative d'assassinat du prince régent. Fort heureusement, l'année 1924 débute sous de plus riants auspices : le prince Hirohito, futur empereur Shōwa, se marie fin janvier et le Japon participe pour la première fois aux Jeux olympiques, qui se tiennent à Paris, en France, reconnaissable à sa tour Eiffel, à une bouteille de vin et à une Parisienne qui fume.

Harumoto Ogawa, World New Cartoon Bird View Map (Small world political map with names in Japanese and English), Kokusai Jouhou Sha, Tokyo, 1924

PUBLISHED BY CURRIER & IVES, 115 NASSAU ST. NEW YORK
COPYRIGHT 1878, BY CURRIER & IVES, N.Y.
HUNTERS POINT
POINT SAN QUENTIN
ROPE WORKS
LONG BRIDGE
BAY VIEW RACE COURSE
MISSION BAY
POTRERO
PACIFIC MAIL S.S. CO'S WHARF
CATHOLIC ORPHAN ASYLUM
MAGDALEN ASYLUM
S.P & C.P.R.R. DEPOTS & BLDGS.
SOUTH PARK
RINCON HIL
S. F. ASSAYING WORKS
WOODWARDS GARDENS
HOWARD ST. M. E. CH.
SELBY SHOT TOWER
MARINE HOSPITAL
MECHANICS PAVILION
U.S. MINT
BALDWINS HTL. & OPERA HOUSE
RESERVOIR
CITY HALL
ORPHAN ASYLUM
ST. LUKES HOSPITAL
MASONIC TEMPLE
PALACE HOTEL
GRAND HTL.
ORIENTAL BLOCK
ALMS HOUSE
LICK HOUSE
OCCIDENTAL HOTEL
COSMOPOLITAN HOTEL
SEAMENS BETHEL
OAKLAND FERRY, C.P.R.R.
TRINITY CH.
UNION SQ.
GOLDEN GATE PARK
JEWISH SYNAGOGUE
BANK OF NEVADA BLDG.
LONE MOUNTAIN
RES. MARK HOPKINS ESQ.
SAFE DEPOSIT CO'S BLDG.
AGRICULTURAL PARK & RACE CO
CALVARY CEMETERY
RES. CHAS. CROCKER E
RES. GOV. STANFORD
PORTSMOU
POST OFFICE & CU
BAY OF SAN FRANCIS
THE CITY OF SAN
BIRDS EYE VIEW FROM THE BAY LOOK

THE CITY OF SAN FRANCISCO, BIRDS EYE VIEW FROM THE BAY LOOKING SOUTH-WEST

Charles R. Parsons

Cette lithographie de 84 × 59 cm publiée par l'atelier Currier & Ives est due aux talents multiples de Charles Parsons (1821-1910), dessinateur, lithographe et directeur artistique du grand éditeur Harper & Brothers depuis 1862. Le grouillement des navires de toutes tailles, de tous usages et de toutes disproportions rend justice à l'opulence de la ville, enrichie par la Ruée vers l'or des années 1850 et reliée depuis 1869 au reste des États-Unis par le Pacific Railroad (Chemin de fer transcontinental). La grande artère débouchant sur l'embarcadère au centre de l'image est la fameuse Mission Street, longue de près de 12 km. Dans sa partie terminale, le « phare » à sa gauche, sur Howard Street, était une tour de tir de 60 m de hauteur au-dessus d'une fonderie de plomb produisant des millions de balles de fusil. L'ensemble a disparu lors du tremblement de terre de 1906. En cette fin du XIXe siècle, le « Paris de l'Ouest » comptait près de 300 000 habitants, dont près de 10 % d'origine asiatique occupant la première Chinatown états-unienne (en bas à droite), mais son monument le plus célèbre, le pont du Golden Gate, ne devait être construit que soixante ans plus tard, à hauteur du grand voilier blanc en haut à droite.

Charles Parsons, The City of San Francisco, Birds Eye View from the Bay Looking South-West, Currier & Ives, New York, 1878

Видъ Будалинскаго Дво

VUE DU PALAIS BOUDDHIQUE À LHASSA

Nikita Bitchourine

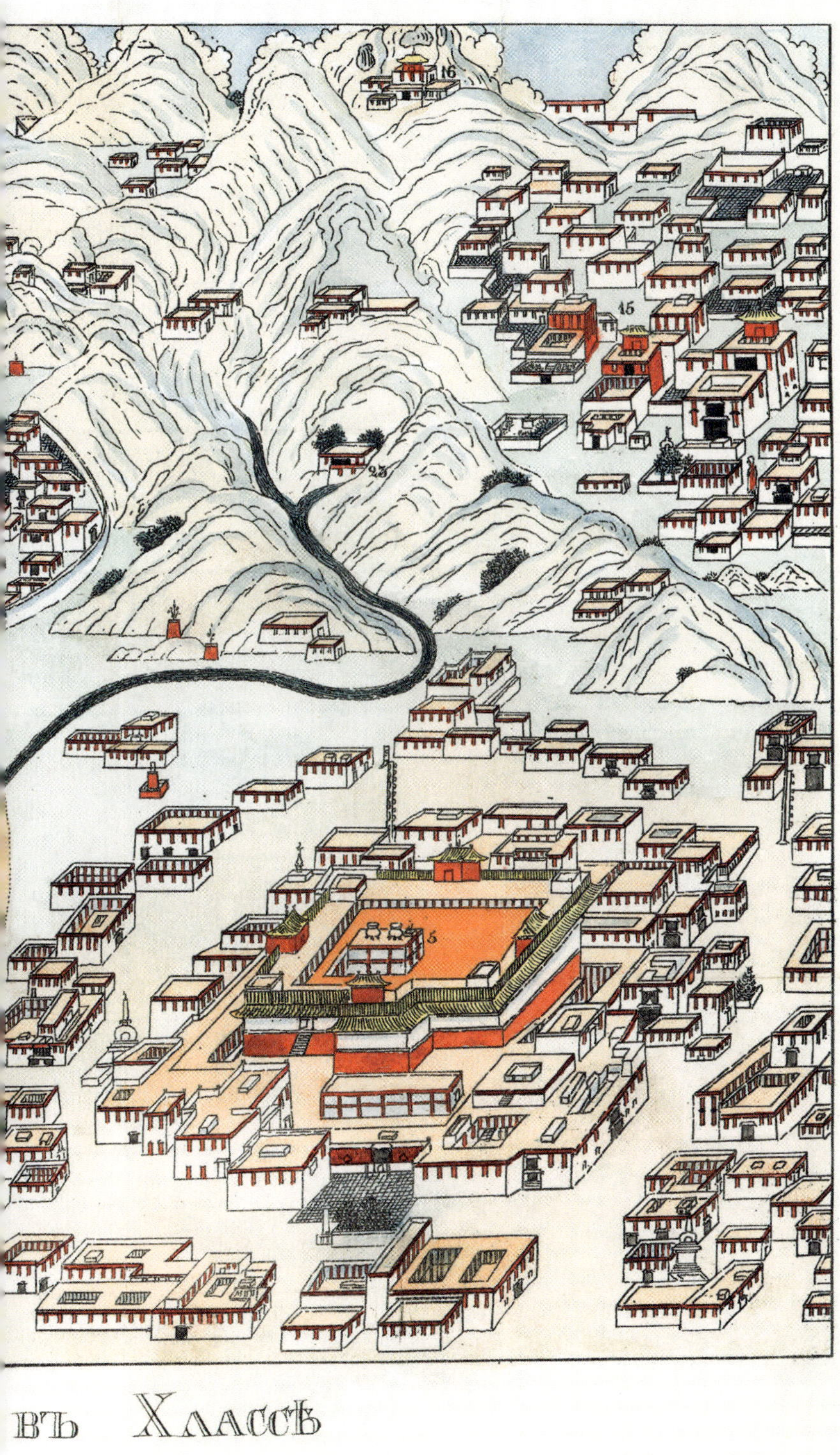

Cette vue d'oiseau centrée sur le célèbre « palais bouddhique » du Potala, *dzong* (forteresse) construit au cœur de la capitale tibétaine à la fin du XVIIe siècle par le 5e dalaï-lama, apparaît dans le premier opus de Nikita Iakovlevitch Bitchourine (1777-1853), plus connu sous le prénom monastique de Hyacinthe (Iakinf) et fondateur de la sinologie en Russie. L'original chinois paru en 1792 sous la signature d'un fonctionnaire, Ma Shao Yun, assisté de Shung Mai-hai, devait servir de guide à l'armée et à la bureaucratie sino-mandchoues qui tenaient le pays depuis 1720. La première partie topographie donc la route longue de 2 000 km qui relie Chengdu, dans le Sichuan (à 500 m d'altitude), à Lhassa (à 3 650 m d'altitude) ; la seconde détaille les moindres caractéristiques de l'histoire, de la géographie et de la société du Tibet. Avant de traduire et d'enrichir de commentaires ce premier livre russe sur le Tibet, dédié à la princesse, poétesse et mécène Zinaïda Volkonskaïa, Bitchourine a passé quatorze ans dans le pays comme chef de la Mission orthodoxe et correspondant de l'Académie des sciences de Moscou. En 1831, l'orientaliste allemand Julius Klaproth (1783-1835), installé à Paris, en publiera la version française. On y lit que le Potala, construit sur Marpori (« la colline rouge ») et haut de treize étages, était alors considéré comme l'un des plus hauts édifices du monde.

Nikita Bitchourine, Vid Budalinskago Dvortsa v Khlasse, Imperial Foundling Home, Saint-Pétersbourg, 1828

JACQUES ROUMAIN

(1907-1944)

Né à Port-au-Prince, Jacques Roumain, petit-fils du fugace président Tancrède Auguste (1912-1913), étudie dans les meilleures écoles d'Haïti avant de fréquenter l'université en Suisse et de voyager en Allemagne, en France, en Grande-Bretagne et en Espagne où il suit un cursus d'agronomie. À son retour en 1927, alors que son pays est occupé militairement depuis douze ans par les États-Unis et que la résistance dans le nord et le nord-est a été écrasée dans le sang, il publie ses premiers poèmes (« Midi », « Pluie », « Cent mètres », « Nungesser et Coli ») et signe des pamphlets sans équivoque : « Le drapeau haïtien n'est pas une loque ! », « Comment on traite les nègres aux États-Unis », avant de participer à la naissance de *La Revue indigène*. Il écrit aussi des romans, dont *Les Fantoches* et *La Montagne ensorcelée*, qui traite pour la première fois dans la littérature haïtienne de la vie quotidienne des paysans dans les mornes, l'intérieur des terres. Membre fondateur et secrétaire général du Parti communiste haïtien en 1934, au moment où cesse l'occupation étatsunienne, il est promptement emprisonné par le président Sténio Vincent (1930-1941). En huit ans, l'écrivain passe en tout trente-deux mois derrière les barreaux avant d'être libéré en juin 1936. Il s'exile aussitôt à Bruxelles puis s'installe à Paris. « Intellectuel imaginatif et libre », il y entreprend des études d'ethnologie avec Paul Rivet et Marcel Mauss dont il tire « Griefs de l'homme noir », publié en 1939 dans l'ouvrage collectif *L'Homme de couleur*, où il moque la notion de l'« homme nordique caucasique ». Inquiet des menaces de guerre, Jacques Roumain rejoint les États-Unis en mai 1939. Il y poursuit des études d'anthropologie à l'université Columbia avant de passer quelques mois à La Havane où il « attaque à nouveau ce vieux travail sur l'ethnologie précolombienne d'Haïti ». L'élection du président Élie Lescot (1941-1946) qui, à la suite de Pearl Harbor, déclare la guerre à l'Axe et attribue des passeports à tous les Juifs qui le souhaitent, lui permet de rentrer au pays. Il y crée un institut d'ethnologie chargé entre autres de « sauver le souvenir du vaudou ». Celui-ci est menacé par les autodafés et la « Renonce », campagne antisuperstitieuse du clergé catholique composé surtout de prélats bretons, que l'auteur dénonce dans un pamphlet au ton nationaliste paru dans *Le Nouvelliste*. Nommé chargé d'affaires à Mexico, sans doute pour l'éloigner, il y écrit deux de ses textes majeurs, entre littérature et ethnologie, *Le Sacrifice du tambour-Assôtô(r)* et surtout le posthume *Gouverneurs de la rosée*, paru en feuilleton en 1947 dans *L'Humanité*. Mort d'une cirrhose et de la malaria à 37 ans, Jacques Roumain reste aujourd'hui encore une figure tutélaire de la culture haïtienne, par la variété de ses talents – poète, romancier, essayiste, ethno-anthropologue – et la ténacité de ses combats pour la liberté et la dignité de son peuple.

GILBERT WHITE

(1720-1793)

Né et mort à Selborne, Hampshire, dans le presbytère occupé par son grand-père le pasteur Gilbert White, le petit Gilbert a tôt fait d'emménager avec sa famille et ses sept frères et sœurs à The Wakes, la maison du même village où il passera l'essentiel de sa vie. D'abord éduqué à Basingstoke par Thomas Warton l'Ancien, père du poète du même nom, il obtient son diplôme de maître ès arts à l'Oriel College d'Oxford tout en étant ordonné diacre en 1746. Comme son grand-père, il terminera sa carrière et sa vie en tant que *vicar* de Selborne.

Dans cette existence sédentaire faite de piété et de rigueur couve une passion dévorante. Jardinier amateur depuis l'enfance, Gilbert White fait pousser une grande variété de fruits et de légumes : premier dans la région à cultiver des pommes de terre, ses expériences lui inspirent un journal qu'il baptise *Garden Kalendar*, où il recense méthodiquement le moindre détail de ses cultures. C'est avec *The Natural History and Antiquities of Selborne*, paru en 1789 que Gilbert White s'impose comme « premier écologiste » de Grande-Bretagne, tandis que son livre devient l'un des best-sellers absolus de la langue anglaise. Fruit de quarante ans d'observation, l'ouvrage se présente comme une correspondance avec deux impeccables gentlemen, Daines Barrington (1727-1800), homme de loi, antiquaire et naturaliste, et Thomas Pennant (1726-1798), botaniste, ornithologue et zoologiste. Ils échangent leurs connaissances et leurs théories sur la flore et la faune du Hampshire et aussi du Sussex, terrain de plusieurs centaines d'observations de William Eversfield (1739-1812), pionnier de la phénologie, l'étude des évènements périodiques du monde vivant. À la différence des naturalistes de leur temps, qui étudient volontiers leurs spécimens morts dans le confort de leurs cabinets, le révérend White observe les oiseaux et les autres animaux dans leurs habitats naturels. Il est ainsi le premier à décrire avec précision le rat des moissons et la noctule commune et à déduire de leurs chants trois espèces distinctes : les pouillots véloce, fitis et siffleur. Cet amoureux de la précision, des belles phrases et de la vie naturelle est peut-être ainsi un grand précurseur. Interrogé en 1870, Charles Darwin (1809-1882) mentionne *The Natural History* comme l'une de ses lectures de jeunesse, marquée par des phrases comme : « Les vers semblent être les grands promoteurs de la végétation, qui pourrait survivre sans eux mais si mal. » En fait, Gilbert White s'inscrit d'abord dans la tradition typiquement *British* des *parson-naturalists* : Dieu, créateur de toutes choses, souhaiterait que l'homme collecte, classifie et comprenne tous les organismes et les phénomènes naturels… Le premier d'entre eux, William Turner (1509-1568) a été baptisé « le père de la botanique anglaise » et Charles Darwin lui-même souhaitait devenir « pasteur-naturaliste » avant de s'embarquer sur le *Beagle*.

ADA BLACKJACK

(1898-1983)

Née dans un minuscule hameau à l'extrême nord-ouest de l'Alaska, au-delà du cercle arctique, Ada Delutuk est une Iñupiaq (« vraie personne » en inuit), tribu aléoute de chasseurs. À 8 ans, après la mort de son père, elle est envoyée avec sa sœur dans une mission méthodiste à Nome, où elle étudie la Bible, l'anglais, la couture, la cuisine. À 16 ans, elle épouse Jack Blackjack, conducteur d'attelage de chiens, avec qui elle aura trois enfants, dont deux mourront en bas âge. Il l'abandonne avec le petit Bennett, 5 ans et tuberculeux, sur la péninsule de Seward. Sans ressources, Ada place son fils dans l'orphelinat local et cherche à s'employer. En 1921, Vilhjalmur Stefansson, explorateur canadien d'origine islandaise, organise une expédition de colonisation de l'île Wrangel. L'équipe constituée du Canadien Allan Crawford (20 ans) et des trois Américains Lorne Knight (28 ans), Fred Maurer (28 ans) et Milton Galle (19 ans) s'adjoint donc les services rémunérés d'Ada, utile couturière anglophone alors âgée de 23 ans mais ignorante des techniques de chasse et de survie de son peuple. Avec six mois de ravitaillement, les cinq aventuriers accostent en septembre sur l'île stérile de 7 600 km^2, à 140 km de la côte sibérienne. « J'ai d'abord pensé repartir, écrit Ada dans son journal, mais j'ai décidé que ce ne serait pas honnête pour les garçons. » Tout se passe à peu près bien jusqu'à la fin de l'été suivant, où la disparition du gibier et le retour des glaces réduisent drastiquement les rations et empêchent la goélette *Teddy Bear* de venir les récupérer. Fin janvier 1923, laissant Lorne Knight, atteint du scorbut, avec Ada, les trois autres explorateurs entreprennent de chercher aide et nourriture en traversant l'immense banquise de la mer des Tchouktches, où ils disparaîtront à jamais. Avec pour seule compagnie le chat Victoria, Ada s'improvise chasseuse, bûcheronne, cuisinière et médecin d'un malade qui la traite pourtant très mal : « Il ne pense jamais combien c'est dur pour une femme de remplacer quatre hommes, s'occuper du bois, lui chasser de quoi manger, faire son lit et débarrasser la merde. » Au bout de six mois de ce labeur altruiste mal récompensé, Knight meurt. Ada protège son corps des charognards, pose des pièges à renards, chasse des oiseaux, construit une plateforme pour guetter les ours polaires et un bateau en bois flotté, toile et peaux de bêtes. Trois mois plus tard, la goélette *Donaldson* la rapatrie enfin. Promptement étiquetée par la presse « Robinson Crusoé féminine », elle se tient à distance de toute exploitation médiatique et utilise l'argent des peaux rapportées et de ses émoluments, inférieurs à ce qui lui avait été promis, pour faire soigner le jeune Bennett de sa tuberculose à Seattle. Ada se remarie, a un autre fils et finit sa longue vie dans une maison de retraite en Alaska, après avoir été régulièrement accusée… d'avoir laissé mourir Lorne Knight.

JANE COLDEN

(1724-1766)

Fille d'un médecin botaniste écossais devenu gouverneur de la province de New York, et d'une fille de pasteur « institutrice compétente de ses enfants », elle s'installe avec sa famille dans une propriété de plus de 1 000 hectares dans le comté d'Orange, habitée surtout par « des loups, des ours et d'autres animaux sauvages ». Jane Colden y développe une passion pour la botanique, que partage son père, et s'emploie à la collation et la description des plantes locales, avec l'appui d'un cercle de savants et le support de la nouvelle classification de Carl von Linné (1707-1778). En l'espace de cinq années, Jane propose la description de 400 espèces de la flore de la basse vallée de l'Hudson selon ce système, qu'elle accompagne d'informations pratiques sur leurs vertus curatives et culinaires, transmises par les Amérindiens locaux, et qu'elle illustre d'impressions de feuilles et de très beaux dessins à l'encre. Membre du Natural History Circle, au sein duquel elle échange informations et semences, elle est considérée peu à peu comme « la première botaniste d'Amérique » et correspond avec Linné lui-même, à qui elle apprend qu'« il y a certains plants de *Clematis* qui ne portent que des fleurs mâles, comme j'ai pu l'observer avec tant de soin qu'il ne subsiste aucun doute. » En dépit de tous ses mérites, elle n'aura jamais un taxon à son nom, le genre *Coldenia* faisant référence à un homme, son père. D'ailleurs, lorsqu'elle découvre en 1756 *Triadenum virginicum* et veut le rebaptiser en hommage au grand botaniste Alexander Garden, on le lui refuse : *Gardenia jasminoides* a déjà été dûment classifié. En 1759, Jane épouse un veuf écossais et, ayant apparemment abandonné ses travaux de botanique, meurt sept ans plus tard, la même année que son seul enfant. Son manuscrit original et dénué de titre, après être passé par de nombreuses mains, s'est retrouvé au British Museum au milieu du XIXe siècle, avec une page de garde titrée par un médecin allemand : *Flora Nov. Eboracensis*, « La flore de New York ». En 1963, 57 de ses descriptions de plantes, qu'elle a également illustrées d'encres en noir et blanc, ont été analysées par deux chercheurs comme « pleinement excellentes, soigneuses et de toute évidence appliquées à des spécimens vivants ». Les États-Unis n'ayant jamais pris la mesure du talent et du travail de Jane Colden jusqu'à ce que la grande scientifique Almira Phelps (1793-1884) la salue comme sa véritable devancière en science botanique, un Jane Colden Memorial Garden contenant des espèces qu'elle a décrites a été créé en 1957 à New Windsor, dans le comté d'Orange. Tombé en décrépitude dans les années 1990, il a été récemment restauré et replanté de « spicebush » (*Lindera benzoin*), trille blanc (*Trillium grandiflorum*), petit-prêcheur (*Arisaema triphyllum*), ail doux (*Erythronium americanum*) et « Virginia bluebells » (*Mertensia virginaca*), qu'elle aimait tant.

BENJAMIN LAY

(1682-1759)

Né dans un village de l'Essex de parents cultivateurs et membres de la Société religieuse des Amis (quakers), Benjamin Lay est d'abord berger et gantier avant de s'engager à Londres comme marin. Marié en 1718, il devient marchand à la Barbade, mais son radicalisme abolitionniste – il commence à le manifester après avoir vu un esclave se suicider plutôt que d'être à nouveau frappé par son maître – dresse contre lui une communauté qui profite largement du trafic humain. Son apparence et son mode de vie n'aident pas : petit (1,40 m), bossu, longs bras et grande barbe, strictement végétarien, buveur d'eau et de lait, créant ses propres vêtements, il refuse de consommer ou de porter quoi que soit qui résulte d'une mort animale ou d'un travail forcé. Émigré en 1732 dans la région de Philadelphie, en Pennsylvanie britannique, il finira par vivre à l'écart de tous dans une grotte, s'habillant du lin qu'il cultive, se nourrissant des fruits de son verger et du lait de ses chèvres. Ce qui ne l'empêche pas de s'activer formidablement pour dénoncer l'esclavage, la peine capitale, le système carcéral, la corruption des élites quakers et toutes les indignités de son temps. En trente ans, il publie plus de 200 pamphlets, dont le plus célèbre, en 1737, s'intitule « Tous les propriétaires d'esclaves qui maintiennent des innocents dans la servitude sont des apostats». C'est son ami Benjamin Franklin (1706-1790), alors éditeur de journaux à Philadelphie, qui le publie : pourtant, le futur Père fondateur des États-Unis possède lui-même un esclave, puis deux autres, ce qui lui vaudra vingt ans plus tard, alors qu'il est à Londres, un pamphlet personnalisé, «With What Right?» («De quel droit?»). Benjamin Lay se livre aussi à de véritables «happenings». En 1738, lors d'une grande assemblée de Quakers dans le New Jersey, il s'écrie : «Ô vous qui professez de faire envers les autres hommes ce qu'ils devraient faire envers vous, débarrassez-vous donc de votre habit comme moi!» Retirant son strict manteau quaker, il révèle une tenue militaire et plonge son épée dans la Bible qu'il tient à la main. Du sang jaillit partout. Hurlements, évanouissements : le sang s'avère du jus de raisin d'Amérique dont il a rempli une vessie cachée dans le livre creux. Aussitôt expulsé, notre homme se couche sur le perron de la maison commune, et l'assistance est obligée de l'enjamber... Quatre ans plus tard, il brise en public le service en porcelaine de sa défunte épouse pour protester contre la «vanité de la consommation de thé» et la production de sucre par les esclaves. Ce rebelle avec causes, immortalisé par un portrait de William Williams commandé par Deborah Franklin et retrouvé en 1977, a inspiré le mouvement abolitionniste pendant des générations. Jusqu'au milieu du XIXe siècle, beaucoup de foyers quakers en accrochaient une copie sur leurs murs. L'original est maintenant à la National Portrait Gallery à Washington.

MARY WOLLSTONECRAFT

(1759-1797)

Née dans l'est de Londres au sein d'une famille prospère, elle affronte avec sa mère et ses six frères et sœurs la gabegie, l'ivrognerie et la brutalité paternelles. Son frère Ned bénéficiant d'une formation complète alors qu'elle n'a droit qu'à quelques années en externat, elle décide de s'éduquer par elle-même. Avec sa grande amie Jane Arden (1758-1840), future grammairienne, elle dévore livre sur livre et absorbe avidement les leçons philosophiques et scientifiques de l'autodidacte John Arden, père de Jane. À 18 ans, elle accepte un emploi de dame de compagnie auprès d'une veuve irascible de Bath, qui nourrira plus tard ses *Thoughts on the Education of Daughters*. Après la mort de sa mère, elle s'installe au domicile d'une autre de ses proches, Frances «Fanny» Blood (1758-1785), illustratrice de fleurs, et de son frère George Blood. Avec deux de ses sœurs et cette dernière, elle ouvre deux écoles dans la banlieue londonienne, avec dans l'une d'elle une pension pour mères et enfants. Parallèlement, ses horizons intellectuels s'ouvrent grâce à Richard Price (1723-1791), pasteur «dissident», philosophe et mathématicien gallois qui lui fait rencontrer ses amis «radicaux», dont Thomas Jefferson (1743-1826), Benjamin Franklin (1706-1790) et William Godwin (1756-1836), précurseur de l'anarchisme et de l'utilitarisme.

Après une année désastreuse comme gouvernante chez des aristocrates irlandais, elle se veut «la première d'un nouveau genre» et se lance dans l'écriture avec le soutien de l'éditeur trublion Joseph Johnson (1738-1809). Semblable à première vue aux «manuels de conduite bourgeoise» courants à l'époque, *Pensées sur l'éducation des filles* s'en éloigne par l'accent mis sur l'indépendance et la participation politique des femmes. Après avoir publié *Défense des droits de la femme*, essai féministe pionnier qui la rend célèbre, elle propose en vain au peintre Johann Heinrich Füssli (1741-1825) et à sa femme un «ménage à trois platonique» et file à Paris en décembre 1792. Désenchantée par une Révolution cruelle et peu féministe et menacée personnellement par la «Terreur», elle ne doit son salut qu'à Gilbert Imlay (1754-1828), homme d'affaires et diplomate qui la fait passer pour sa femme auprès de son ambassade. En mai 1794, elle donne naissance à sa première fille, Fanny, qu'elle élève seule au Havre. De retour à Londres en avril 1975, elle retrouve Imlay pour le meilleur et pour le pire : en suivront deux tentatives de suicide et un voyage en Scandinavie, qui alimentera *Letters Written During a Short Residence in Sweden, Norway, and Denmark*. William Godwin, vieille connaissance, tombe alors amoureux du livre et de son autrice. Ils se marient en mars 1797, mais continuent à vivre séparément. En août, Wollstonecraft accouche de Mary (future Mary Shelley) et meurt de septicémie dix jours plus tard. L'année suivante, Godwin publie la biographie, intime, franche et qui fait scandale, d'une femme devenue si célèbre qu'il n'a pas eu besoin de mentionner son nom dans le titre.

NERGIS MAVALVALA

Née en 1968 à Lahore, au Pakistan, de parents Parsis adeptes du zoroastrisme, Nergis Mavalvala grandit « dans une famille qui ne reprodui[t] pas vraiment les stéréotypes de genre » puis fréquente une école catholique de Karachi avant d'entrer en 1986 au Wellesley College, prestigieuse université féminine de Boston. Elle y décroche une licence en physique et astronomie avant de rejoindre le professeur Rainer Weiss au MIT, où elle obtient son doctorat en développant un prototype d'interféromètre laser pour détecter les ondes gravitationnelles. Un temps chercheuse à l'Institut de technologie de Californie (Caltech) où elle intègre le LIGO (Laser Interferometer Gravitational-Wave Observatory), projet d'ampleur qui rassemble 900 scientifiques dans le monde, elle fait partie de l'équipe qui, en février 2016, observe les premières vagues infimes (10^{-18} m, la taille d'un quark) dans le tissu de l'espace-temps, cent ans après la prédiction d'Einstein. Cette annonce, qui vaudra à Rainer Weiss le prix Nobel de physique, rend Nergis Mavalvala, femme ouvertement lesbienne et membre d'une minorité religieuse, instantanément célèbre au Pakistan. Professeure de physique du MIT, elle poursuit ses recherches sur le développement des états quantiques de la lumière.

ANA COLOVIC LESOSKA

Née en 1979 à Skopje dans l'actuelle Macédoine du Nord, la biologiste Ana Colovic Lesoska fonde en 2002 l'association Eko-Svest pour protéger les parcs nationaux et l'héritage culturel macédonien face aux grands projets d'infrastructures, promouvoir le transport durable et la bonne gestion des déchets et encourager ses concitoyens à s'engager dans la politique énergétique. En 2010, elle lance une campagne de longue haleine pour bloquer le financement international de deux barrages hydro-électriques dans le parc national Mavrovo. Sur plus de 700 km^2 à la frontière de l'Albanie et du Kosovo, le plus grand parc macédonien condense les richesses et les beautés naturelles, historiques et ethnographiques de la région. Il abrite surtout les trente ou quarante derniers représentants du lynx des Balkans, sous-espèce en danger critique d'extinction, « fantôme de la forêt » et symbole national, qui figure sur la pièce de 5 denars. À force de pétitions et de plaintes en justice, et malgré les menaces de son gouvernement et de la compagnie nationale d'électricité, elle finit par l'emporter : en 2015, la Banque mondiale retire son financement, et en 2017 la Banque européenne pour la reconstruction et le développement (BERD) résilie ses prêts. En avril 2019, Ana Colovic Lesoska a reçu le Prix Goldman pour l'environnement.

NEMONTE NENQUIMO

Née en 1986 dans un village de la tribu des Huaorani – l'une des treize nationalités indigènes en Équateur dont les 5 000 membres parlent le huaorani, une langue amérindienne –, Nemonte Nenquimo fréquente d'abord une école de missionnaires évangélistes (en 1956, cinq d'entre eux ont été massacrés par des guerriers huaorani…). Refusant d'y être dépouillée de son histoire et de sa culture, elle retourne au bord du Río Curaray, où elle cofonde en 2015 l'ONG Alianza Ceibo (un arbre amazonien) pour protéger les 180 000 ha de forêt appartenant à son peuple. Première femme élue à la tête du Conseil huaorani de la province de Pastaza, elle poursuit l'État équatorien pour avoir abusivement mis un de leurs territoires aux enchères pétrolières. Sacrée en 2020 par *Time* comme l'une des 100 femmes les plus influentes du monde, Nemonte rétorque froidement au *Guardian* : « Les incendies font toujours rage, les compagnies pétrolières polluent toujours nos rivières, les mineurs pillent toujours l'or […]et pendant que vous planifiez la reprise d'une économie mondiale dont nous n'avons jamais bénéficié, nos anciens meurent désormais du coronavirus, maladie que vous avez propagée. »

GLADYS KALEMA-ZIKUSOKA

Née à Kampala en 1970, Gladys Kalema-Zikusoka obtient une bourse de l'université de Londres où elle décroche son diplôme de vétérinaire, qui sera suivi en 2003 d'un master de l'université de Caroline du Nord. À 25 ans, elle est la première femme engagée comme vétérinaire par l'actuelle Uganda Wildlife Authority. Révoltée par le sort de Kacupira («main cassée»), mort de la gale avec son groupe de gorilles dans le parc national de la forêt impénétrable de Bwindi, elle cofonde l'association Conservation Through Public Health et découvre au fil de ses recherches que la communauté de planteurs de café autour de Bwindi protège ses caféiers des visites des gorilles en installant des épouvantails habillés de loques. Hélas, celles-ci abritent des acariens (*Sarcoptes scabiei*) responsables de la gale et mortels pour les primates. En 2005, elle démontre aussi que des parasites intestinaux présents chez *Gorilla beringei beringei* proviennent des humains, touristes ou locaux. À l'instar de Dian Fossey, le combat incessant de Gladys Kalema-Zikusoka pour améliorer à la fois la santé des gorilles et la prospérité des populations environnantes, qui s'incarne dans le programme Gorilla Conservation Coffee, lui a valu de nombreuses marques de reconnaissance internationales.

DIVA AMON

Née en 1987 à Port-d'Espagne (Trinité et Tobago), Diva Joan Amon s'initie à la biologie marine à l'université de Southampton. Pour son doctorat, elle se spécialise dans les environnements à base chimiosynthétique et étudie des sources hydrothermales dans la fosse des Caïmans, profonde de 7 700 m. Chercheuse à l'université d'Hawaï, elle explore dans le cadre du projet Abyssline l'immense zone de fracture Clarion-Clipperton, bourrée de nodules polymétalliques (estimation de l'Autorité internationale des fonds marins : 21 milliards de tonnes de manganèse, nickel, cuivre et cobalt...) et étonnamment riche en mégafaune, macrofaune et méiofaune (métazoaires), évoluant entre 3 000 m et 6 000 m de profondeur. Son groupe découvre ainsi neuf nouvelles espèces d'anémones et deux nouvelles espèces d'éponges. Mais la biologiste et écologiste des grands fonds est plus fière encore de «trois nouvelles espèces de vers zombies mangeurs d'os [de baleine]», des annélides nécrophages du genre *Osedax*. En 2016, à bord de l'*Okeanos Explorer* de l'Agence nationale d'observation océanique et atmosphérique (NOAA), elle explore avec un véhicule sous-marin téléguidé les abysses des rochers Saint-Pierre et Saint-Paul, à 1 000 km au nord-est du Brésil.

MARÍA CONSTANZA CERUTI

Née en 1973 à Buenos Aires de parents médecins, María Constanza Ceruti fait des études d'anthropologie avant de se spécialiser dans l'archéologie de haute altitude, qu'elle amorce en escaladant l'Aconcagua (6 962 m) et en devenant la première femme à gravir le mont Pissis, du nom du géographe français Aimé Pissis (1812-1889), troisième sommet des Andes (6 792 m). Pour elle, l'alpinisme s'avère une expérience à la fois spirituelle, physique et scientifique. Pionnière des études anthropologiques des montagnes sacrées du monde, elle en a exploré plusieurs dizaines, au Canada, dans le Sinaï, en Grèce, en Italie, au Népal, en Norvège, en Australie, en Irlande, en Thaïlande, qui lui ont inspiré autant de monographies. C'est sans doute en 1999 que l'actuelle professeure d'archéologie inca et membre de la Society of Woman Geographers a fait sa plus importante découverte avec l'équipe de l'Américain Johan Reinhard, au sommet du volcan Llullaillaco (6 739 m), le plus haut site archéologique du monde: trois corps momifiés par le froid, qui se révéleront après six ans d'analyse ceux d'enfants de 6, 7 et 15 ans enterrés vivants il y a cinq cents ans lors d'une *capacocha*, «obligation royale» envers les divinités incas.

PIERRE DÉOM

Le CHANT *de La* HULOTTE

Fondateur de La Hulotte, le journal le plus lu dans les terriers

SANS L'AVOIR VRAIMENT PRÉVU, le fondateur de *La Hulotte*, revue en noir et blanc née il y a un demi-siècle dans les Ardennes et comptant aujourd'hui des dizaines de milliers d'abonnés, a créé un objet singulier à la parution variable dont il est l'unique rédacteur et illustrateur : légèreté et humour sont au service d'une description hautement scientifique et précise des animaux et des plantes de France, pour le plus grand bonheur de lecteurs jeunes et moins jeunes, déjà passionnés de nature ou que cette lecture a éveillés à ses beautés et à ses périls.

RELIEFS ***À quand remonte votre attrait pour la nature ?***

PIERRE DÉOM C'est très tardif… Bien que je sois né dans un tout petit village de 150 habitants, je ne me suis pas intéressé à la nature avant l'âge de 17 ans. Il a fallu que je me retrouve en ville, à l'école normale d'instituteurs, pour m'apercevoir que la campagne me manquait énormément – j'étais surtout passionné d'Histoire à l'époque –, et ressentir une vraie faim d'espace, de verdure, de forêts, de fossés, de prés…

Un autre élément déclencheur fut ma lecture de *Raboliot*, de Maurice Genevoix, qui raconte l'histoire d'un braconnier qui sait distinguer les arbres, les herbes, tout ce qui est utile à son métier clandestin. Le livre fourmille de descriptions très détaillées, car Genevoix connaissait très bien la nature. Là, j'ai découvert que dans ce qui me paraissait un décor sans grand intérêt couvait en fait un fourmillement passionnant de vies entrecroisées, d'espèces complexes. C'est ce qui a décidé de la suite des évènements pour moi.

R. ***Il y a eu aussi des rencontres personnelles ?***

P. D. À l'école normale, un surveillant faisait du baguage d'oiseaux, ce qui est un peu du braconnage légal, puisqu'on y utilise toutes les ruses pour capturer, baguer, relâcher. C'est le péché sans la culpabilité, et ça m'a passionné tout de suite. Dans le petit monde du baguage, j'ai aussi découvert un vieil instituteur à la retraite, un connaisseur extraordinaire de la nature. Il s'intéressait à tout : mammifères, poissons, insectes… il avait des abeilles, il parlait magnifiquement des arbres et on est devenus amis. Il s'appelait Maurice Flavion.

R. ***Paul Géroudet vous a également influencé…***

P. D. C'est le grand spécialiste des oiseaux, peu connu du grand public. Il a fait une encyclopédie des oiseaux d'Europe à la fois très complète et littéraire. L'alliance rare et étonnante d'une précision scientifique irréprochable et d'un style évocateur, presque poétique.

R. ***Comment est né le projet du journal* La Hulotte *?***

P. D. Le baguage m'a fait prendre conscience qu'on était à une époque, la fin des Trente Glorieuses, où la nature disparaissait à une vitesse effarante.

Il y avait des projets d'aménagement partout, les remembrements battaient leur plein, on faisait disparaître les marais, les fossés, les haies… un véritable carnage. J'en prenais conscience physiquement quand j'arrivais avec mes filets, mes perches, tout mon matériel, pour baguer des oiseaux migrateurs dans des buissons, le long d'un canal… et tout avait disparu. Il y avait des marais au centre des Ardennes où vivaient encore des busards cendrés : en quatre ou cinq ans, les marais ont été entièrement asséchés et les busards ont disparu. La dernière année, les quatre couples en étaient réduits à vivre tout près les uns des autres dans des massifs d'orties. Là, j'ai pris conscience de cette disparition précipitée.

En 1965, j'avais lu *Avant que nature meure* de l'ornithologue Jean Dorst, une synthèse affolante de la destruction qui se poursuit aujourd'hui encore, et *Le Jugement dernier* du journaliste Gordon Rattray Taylor, qui parlait dès 1970 de pollution, du changement climatique, du cycle de l'azote, etc. On pensait que les choses allaient se dégrader à une vitesse alarmante. Ça n'est pas allé aussi vite, mais cela a fini par arriver… À l'époque, personne ne s'intéressait à l'écologie, je crois que le mot n'existait même pas dans son acception politique. On s'est dit qu'on allait essayer d'intervenir auprès des écoles. L'idée était de créer des clubs pour intéresser les enfants à la nature et un centre d'initiation pour accueillir des classes des Ardennes – car tout ce projet était purement ardennais – et de lancer une petite feuille de contact entre les clubs. C'est le projet Hulotte, dont je me suis chargé. Au départ, l'idée était de donner quelques informations sur une pagination très réduite, et de pousser les clubs à proposer des retours d'expérience, des idées d'activités, des comptes-rendus…

R. ***Et que s'est-il passé ?***

P. D. On envisageait une centaine d'abonnés et on avait pris contact avec l'inspectrice de l'académie des Ardennes, une naturaliste ayant accueilli notre projet avec beaucoup de bienveillance. En janvier 1972, elle nous a mis le pied à l'étrier en envoyant les premiers numéros de *La Hulotte* dans les mille classes des Ardennes et en recommandant aux instituteurs de participer à l'aventure. On tablait donc sur une centaine de clubs, mais il n'y en a eu qu'une petite vingtaine. En revanche, nous nous sommes retrouvés avec 800 abonnés dans les quatre ou cinq premiers mois. Ce n'était pas du tout le projet que nous avions imaginé, nous n'avions pas de moyens techniques et les gens qui s'abonnaient n'avaient pas la moindre intention de créer un club. Il a donc fallu « remplir » avec du rédactionnel. Petit à petit, le journal est devenu une revue avec des informations sur les plantes, les animaux, d'abord des Ardennes avec des localisations précises, puis sans qu'on sache très bien comment, une publication de plus en plus générale traitant de la flore et de la faune françaises.

DISONS QUE LE NUMÉRO PARAÎT QUAND IL EST PRÊT.

R. ***Vous étiez instituteur, à l'époque.***

P. D. Oui, mais j'ai laissé ma classe en juin et je ne l'ai pas reprise à la rentrée, j'étais complètement débordé. J'ai pris une année sabbatique en me disant que j'allais bien voir. C'était une époque sans chômage de masse, on pouvait prendre ce genre de risques.

R. ***Pourquoi ce nom,* La Hulotte *?***

P. D. Au départ, c'était *La Hulotte des Ardennes*, revue purement ardennaise. Quant au choix du nom, j'ai consulté une liste d'animaux et je me suis arrêté sur la hulotte, un oiseau au chant magnifique, envoûtant, un peu effrayant et en même temps mélodieux. Le nom est aussi un peu rigolo, cela permettait de garder de l'ironie et de la distance. Et puis la hulotte est un oiseau un peu humanoïde pour créer un personnage, lui prêter des propos, le caricaturer, l'utiliser comme illustration…

R. ***La revue a eu un succès de plus en plus important… Toujours par abonnement ?***

P. D. La question ne s'est pas posée au départ, parce que nous étions vraiment confidentiels. Mais ce fonctionnement a été providentiel, parce que la trésorerie nous a permis de passer des caps redoutables, le pire de tous étant le jour où nous avons perdu notre numéro de commission paritaire, faute des quatre parutions réglementaires. C'était un coup très dur, le tarif de l'abonnement ainsi que le nombre de numéros à servir ont dû être revus pour les nouveaux abonnements. Il a tout de même fallu servir les abonnements souscrits aux précédentes conditions, et notre trésorerie nous a permis de le faire sans emprunter.

R. *Combien d'abonnés avez-vous aujourd'hui ?*

P. D. À chaque numéro, on perd en moyenne 25 % des abonnements arrivés à échéance. Comme la parution est un peu fantaisiste, les gens qui ne sont plus abonnés ne le savent pas toujours. *La Hulotte* peut débarquer au bout de huit ou neuf mois, mais les lecteurs sont habitués, donc ils ne s'en inquiètent plus trop. La diffusion totale tourne autour de 160 000 exemplaires pour 140 000 abonnés environ.

R. *Vous publiez environ deux numéros par an, mais ça peut prendre plus de temps…*

P. D. Disons que le numéro paraît quand il est prêt. Assez souvent, je pars sur une idée dont je pense qu'elle va occuper une vingtaine de pages, et je me retrouve avec deux numéros complets, voire plus, parce que je me suis aperçu que le sujet était d'une richesse inouïe. C'est ce qui vient de se passer avec le moineau domestique, qui ne m'intéressait pas vraiment au départ. Vieux réflexe de bagueur qui n'aime pas trop les moineaux parce qu'ils sont censés ne pas migrer, il faut les

Pierre Déom dans son bureau

relâcher, ils volent le nid des autres… Je me suis dit : « J'ai vingt pages à remplir, je vais faire le moineau dont les gens sont quand même curieux », et j'ai découvert un oiseau sans équivalent. Du coup, mes vingt pages se sont transformées en quatre-vingts, et je n'ai pas encore fini…

R. *Et vous êtes resté le seul rédacteur et illustrateur du journal ?*

P. D. Dès que je me suis chargé du journal au sein de l'association, on m'a fichu la paix, j'ai toujours eu quartier libre. *La Hulotte* a créé une petite cellule fonctionnant comme une mini-entreprise intégrée : on nous a laissé travailler à notre guise dès l'instant où ça marchait et que le journal fonctionnait.

R. *Comment procédez-vous pour préparer un numéro ?*

P. D. Cela se passe en plusieurs phases. D'abord, je me plonge dans les ouvrages dont je dispose, je vois si le sujet est jouable. Mais les choses ont beaucoup changé : maintenant, on va voir sur Internet ce qui est publié, et une fois la décision prise, on part à la chasse à la documentation, aux ouvrages scientifiques, très rarement accessibles en langue française. On les rassemble, on les traduit et on se constitue une base documentaire fiable et solide. En même temps, il faut effectuer une recherche iconographique qui peut parfois être stérile. Par exemple, j'aurais aimé parler de la taupe, mais les documents montraient des taupes mortes, vues de face, de dessous, de derrière. Et puis les Anglais ont commencé à utiliser des caméras endoscopiques, ils les ont introduites dans les terriers, et on a vu la taupe depuis l'intérieur. C'est l'un des numéros les plus gros que j'ai faits, sauf erreur de ma part, avec quatre-vingt-dix pages.

R. *Et vous passez combien de temps à peu près par numéro ?*

P. D. Généralement entre 1 000 et 1 500 heures, mais ça peut s'élever à beaucoup plus. Par exemple, le moineau va s'étaler sur trois numéros et je dois en être à 3 800 heures. Les dessins sont très longs, mais la phase de documentation aussi. Il y a de plus en plus de travaux scientifiques et on s'oblige à les étudier tous, parce que dans certains qui ne paraissent pas impressionnants, on trouve le petit détail qui va intéresser les enfants. Et puis, la recherche iconographique avec Internet est devenue gigantesque. Sur les coccinelles, je crois que j'ai visionné 5 000 ou 6 000 images.

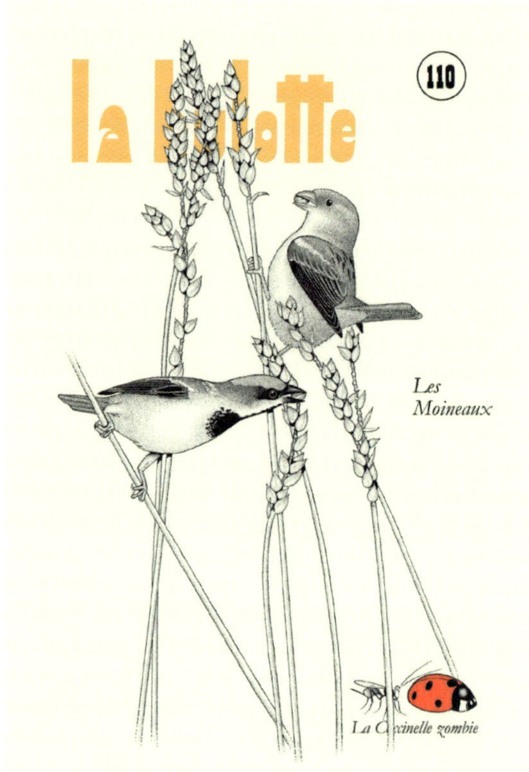

Couverture du n° 110 de la revue La Hulotte, « Les Moineaux »

R. *Et pourquoi avoir choisi le dessin ?*

P. D. C'est lié à l'histoire du journal, parce qu'en 1972, le démarrage était vraiment artisanal. On travaillait sur ronéo et on utilisait des stencils électroniques nous permettant de reproduire des dessins, qui devaient être au trait et pas trop épais… Donc, les photos, chères par ailleurs, étaient inenvisageables. J'adorais dessiner, ça tombait très bien. On a gardé ces dessins en noir et blanc parce qu'ils permettent de réunir plusieurs éléments et on peut les utiliser 4, 5, 6, voire 7 fois, en prenant un détail ici, l'attitude générale là. Avec les insectes, la photo n'est pas nette du premier au dernier plan, du fait de la profondeur de champ. Le dessin permet de rétablir tout cela.

R. *À la plume et à l'encre ?*

P. D. À l'encre de Chine. Malheureusement, les bonnes plumes, déjà rares dans les années 1970, sont introuvables aujourd'hui. Par chance, le dessin industriel utilise des stylos à pointe tubulaire et de différents diamètres. Je travaille avec l'un des plus petits, 0,13 mm, dont le trait très fin permet de représenter les détails les plus infimes, d'autant que le dessin est réduit de 50 % par la photogravure.

R. *Des dessinateurs ont-ils influencé votre style ?*

P. D. J'ai été influencé par les dessinateurs qui illustraient les livres de Paul Géroudet, notamment un Suisse, Manfred Reichel, qui représentait des animaux magnifiques. Je me suis inspiré de sa technique.

R. *Un autre trait caractéristique de* La Hulotte*, c'est l'humour. Pourquoi ?*

P. D. Peut-être parce que dans mon enfance et dans mon adolescence, je n'étais pas du tout intéressé par les sciences naturelles. J'ai toujours eu la hantise de produire un cours jargonnant et barbant. J'ai donc introduit de petits dessins qui, souvent, amenaient une réflexion critique sur le texte : si je parle des hirondelles, je donne la parole aux mouches, qui ne les voient pas avec la même sympathie que les humains… Cela permet également de varier les points de vue et de rabaisser le caquet de l'homme, qui se prend pour origine et aboutissement de tout. On peut voir la nature de 36 façons selon le point de vue où l'on se place, et notamment celui des proies et des prédateurs, pour lesquels les choses varient du tout au tout.

R. *Et puis il y a Adrien Desfossés, qui apparaît de temps en temps…*

P. D. C'est un petit garçon un peu cossard, sans orthographe, mais passionné de nature. J'ai eu un gosse comme cela quand j'étais instituteur, un cancre absolu, mais quand on faisait des sorties en pleine nature, il voyait tout à un kilomètre, il avait une espèce de talent, d'ouverture à la nature.

R. *Pourquoi choisissez-vous tel animal ou telle plante ?*

P. D. Au départ, il y a toujours une émotion esthétique, pas forcément rationnelle. J'ai fait le numéro sur les grues parce que je trouve leur vol magnifique, j'adore leur cri. J'essaie aussi de choisir des sujets que les gens et en premier lieu les enfants pourraient connaître, donc pas forcément très rares. Parler du moineau, c'est intéressant parce que tout le monde le voit et on ne sait rien sur lui… ou encore d'un arbre comme l'aulne, dont beaucoup de gens ne savent même pas le nom alors qu'il y a des aulnes partout : il a une vie vraiment passionnante, avec toutes sortes d'adaptations liées à ses racines, à ses branches, à ses fruits, à son mode de reproduction, aux oiseaux qui viennent s'y nourrir. Des lecteurs m'ont écrit : « On a lu le numéro sur l'aulne, et on s'est aperçus qu'on avait des aulnes au fond du jardin, et pour nous, c'est un vrai bonheur. » Cela me plaît bien.

D'un autre côté, j'essaie quand même de varier les sujets, parce que la tendance naturelle est de parler des oiseaux plaisant à tout le monde et très bien documentés. Il y a aussi les mammifères, moins bien connus parce qu'ils sont souvent nocturnes, pour lesquels on s'appuie sur des travaux scientifiques. Avec les batraciens, les invertébrés, il est de plus en plus compliqué de trouver de la documentation. Si on s'intéresse à un insecte autre que nuisible ou utile à l'agriculture biologique, il manque des pans entiers de connaissances. Tout à la fin, il y a les arbres, les fleurs. Nos ancêtres connaissaient les arbres mieux que nous, je pense, avec cette science très fine des usages du bois de tilleul, de pommier ou d'épicéa. Avec les fleurs, on retombe un peu dans des banalités, sauf avec les plantes médicinales, et il est difficile de faire vivre une plante…

J'avais toujours été fasciné par les cardères qui poussent au bord des chemins et qui ressemblent à des chardons. J'avais entendu dire que sous leur air misérable, squelettique, elles servaient autrefois à carder les draps de laine. Et puis, en me documentant, j'ai vite compris qu'elles ne servaient pas à les carder mais à les peigner, ce qui est tout à fait différent. En plus, il s'agissait d'une cardère particulière, cultivée par l'homme et qui ne peut absolument pas survivre sans lui. Et puis, je suis tombé sur l'étude d'une Canadienne qui a suivi la progression de la cardère dans son pays, où cette espèce invasive a été importée par les transports maritimes. Elle a donc essayé de comprendre comment cette plante qui n'a pas beaucoup de défenses, qui résiste mal à la coupe, réussit quand même à prospérer et à se propager en suivant les routes du Canada. Ce travail formidable m'a permis de faire un numéro et demi sur la cardère en expliquant sa stratégie de conquête et l'élimination de ses concurrentes.

R. *Des sujets aussi surprenants, cela vous arrive souvent ?*

P. D. Le moineau est certainement le meilleur exemple : pensez aux aventures qui lui sont arrivées et à la trajectoire d'une espèce qui ne peut pas vivre sans l'homme, sauf peut-être dans quelques contrées reculées ou habitées avant le Néolithique ! L'animal a réussi un prodige d'adaptation, vivre entièrement aux dépens de l'homme sans lui fournir aucun service, et se nourrir à ses dépens d'une façon tellement rapprochée que là où l'homme n'est pas présent en hiver, le moineau ne s'installe pas. Dans

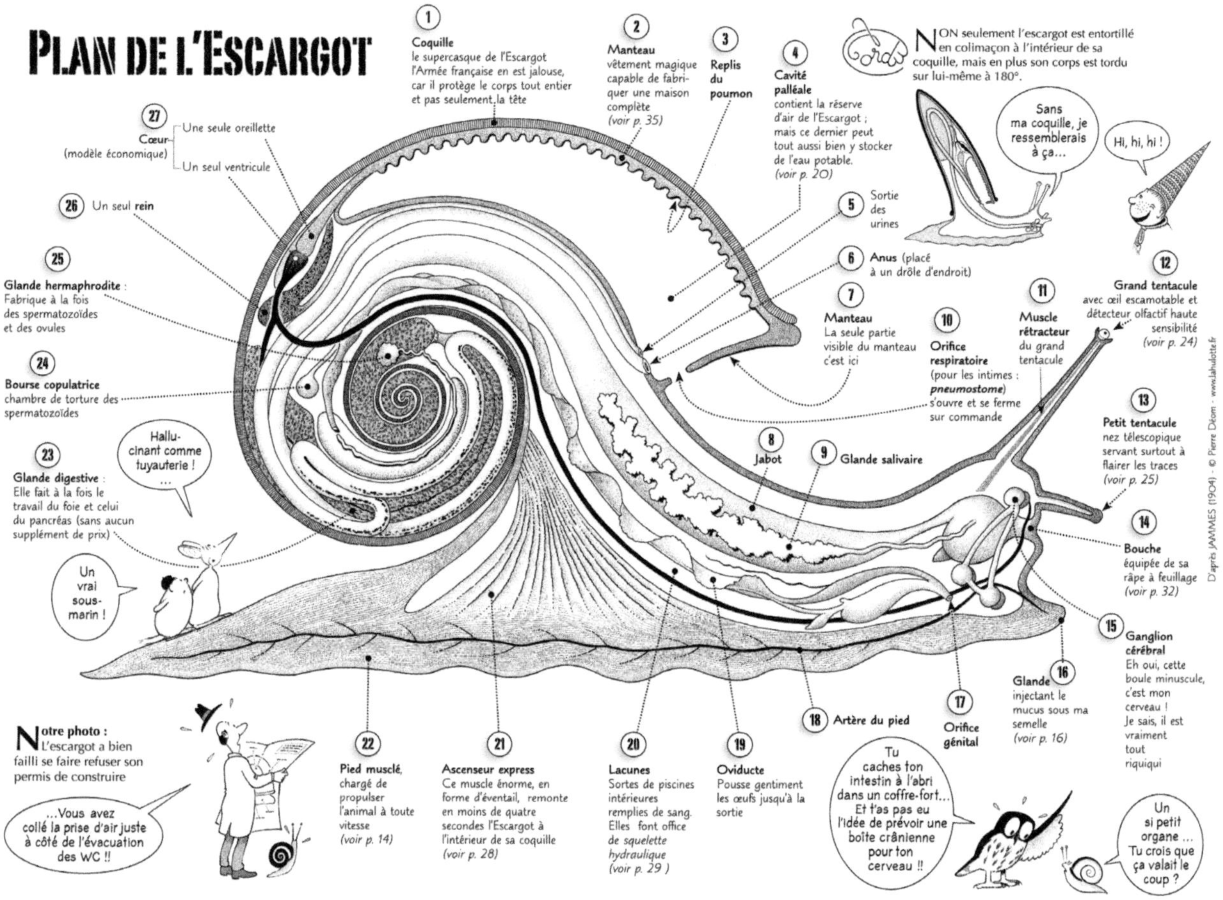

Plan de l'escargot dans La Hulotte, n° 97, « L'escargot des haies »

les îles vidées de leur population par les Allemands, pendant la guerre, les moineaux ont disparu. Quand les gens sont revenus, les moineaux aussi.

R. *Vous avez quelques animaux favoris, notamment l'araignée, si je ne m'abuse ?*

P. D. L'inventivité des toiles, des pièges et des méthodes de chasse des araignées est fantastique. J'ai réalisé un guide, pour l'instant unique en Europe, sur les toiles géométriques qu'on trouve dans les campagnes, ce qu'on appelle les épeires. Toutes les photos, je les ai prises automne après automne pendant huit ou neuf ans. Et je me suis appuyé sur les travaux d'un spécialiste allemand qui avait étudié au cours des années 1930 les toiles d'araignée en comptant les rayons, en expliquant la particularité de chacune et le mode de vie des araignées.

R. *Au cours de la centaine de numéros publiés, d'autres animaux ou plantes vous ont-ils particulièrement marqué ?*

P. D. L'escargot. Et parmi les numéros que j'ai réussi à boucler quand j'ai eu suffisamment de documentation, il y a la mulette perlière, un mollusque de rivière dont je rêvais depuis vingt-cinq ans… C'est un beau souvenir d'avoir réussi à parler de cette espèce passionnante, que l'homme a fait proprement disparaître par la pollution. Sinon, j'ai longtemps rêvé de parler du vautour et du castor.

R. *Et de quelles plantes ?*

P. D. J'ai travaillé à un numéro pendant pratiquement vingt ans : « Les petits mystères des grands bois », consacré à tous les arbres bizarroïdes qu'on voit en forêt. Un sujet sur lequel j'ai sué sang et eau parce que je n'avais pas de documentation. J'ai pris des milliers de photos de ma forêt pour repérer toutes les étrangetés et essayer de comprendre comment elles se formaient. J'ai pensé que je n'en verrais jamais le bout tellement c'était compliqué.

À PROXIMITÉ DE NOUS EXISTE UN TRÉSOR FORMIDABLE, PASSIONNANT, INÉPUISABLE ET EN MÊME TEMPS EXTRÊMEMENT FRAGILE, QU'IL FAUT SAVOIR PRÉSERVER.

R. ***Et vous avez trouvé des raisons à ces bizarreries ?***

P. D. Oui, en partie personnelles, en partie reprises de travaux allemands. Je me méfie toujours de mes propres observations, je ne suis pas un très bon scientifique. Quand j'ai « fait » le grèbe huppé, j'ai utilisé les travaux de l'Anglais K. E. L. Simmons, qui a commencé à travailler là-dessus en 1972, l'année où j'ai commencé *La Hulotte* !

R. ***Vous vous appuyez donc souvent sur un spécialiste ?***

P. D. Toujours, et sur plusieurs d'entre eux. Certains sont des connaisseurs très pointus d'une espèce ou d'un groupe d'espèces, donc la stratégie de travail est de synthétiser les recherches dans un document, un « plan-notes », où tous les éléments sont assemblés par thèmes et servent ensuite de sources. L'une des difficultés est de passer d'une documentation un peu aride, avec toutes sortes de restrictions et de conditionnel, à un texte vivant, organisé, comportant un minimum de conditionnel.

R. ***C'est un équilibre à trouver…***

P. D. Un chemin de crête, même. C'est peut-être la chose la plus difficile du journal, parce qu'on risque en permanence le dérapage.

R. ***C'est aussi ce qui contribue à son succès, non ?***

P. D. Ma documentaliste, très rigoureuse et stricte, relit et corrige tous les petits dérapages. Mais il reste toujours des tas de questions sans réponses qu'il faut poser directement aux scientifiques. En général, ils sont ravis parce qu'ils voient mille choses dont ils ne rendent pas compte dans leurs travaux, toutes sortes d'observations qui passionnent mes lecteurs, des petits détails de la vie, des comportements énigmatiques correspondant à telle ou telle pratique de l'espèce.

R. ***Êtes-vous toujours engagé pour la préservation de la nature ?***

P. D. Engagé de cœur, mais mon travail ne me laisse pratiquement aucun loisir, je m'y consacre donc à 100 %, une autre manière de s'engager. Quand *La Hulotte* a débuté, il y avait des animaux dont je n'aurais jamais imaginé le retour, comme le loup. Je pense souvent à mon vieux maître, si je lui avais dit un jour, « le loup va revenir, et le castor aussi »… Quand j'ai fait le numéro sur le faucon pèlerin, j'étais absolument certain qu'il allait disparaître définitivement. Au bout du compte, sans qu'il soit redevenu commun, sa chute s'est interrompue et ses effectifs remontent peu à peu. Même chose pour le grand duc. Beaucoup de choses vont mieux, mais la destruction prend d'autres allures… En vérité, nos pays ont délocalisé leurs productions et les usines opèrent ailleurs leurs destructions horribles.

R. ***Vous fêterez en 2022 les cinquante ans de* La Hulotte. *Comment voyez-vous son évolution ?***

P. D. J'ai l'impression qu'elle a changé complètement tout en restant la même, parce que ma philosophie est demeurée à peu près identique mais avec des moyens très différents. Internet est fabuleux, les ordinateurs me permettent de réaliser exactement la mise en page que je souhaite, alors qu'autrefois il fallait faire des collages improbables avant que tout se finisse à l'imprimerie, en bien ou en mal. Maintenant, j'ai la complète maîtrise de ce que je fais, c'est un grand changement. Mais j'ai l'impression de produire le même journal que celui de 1972, abstraction faite des pages consacrées aux clubs qui ont disparu en cours de route.

R. ***Et vous continuez à vous adresser principalement aux enfants ?***

P. D. Je travaille toujours en pensant à eux : un gamin de 10 ans doit pouvoir lire *La Hulotte* et tout comprendre sans avoir besoin de dictionnaire. Un adulte doit le lire sans se sentir déshonoré par un langage un peu bêtifiant, une syntaxe limitée et un vocabulaire rachitique. Je travaille vraiment beaucoup sur le texte. Avec le même objectif de départ : montrer qu'à proximité de nous existe un trésor formidable, passionnant, inépuisable et en même temps extrêmement fragile, qu'il faut savoir préserver. ^

Né à Pouru-aux-Bois et installé à Boult-aux-Bois, dans les Ardennes, Pierre Déom n'a été instituteur que pendant une courte période, avant de publier le premier numéro de La Hulotte, revue écologique, ludique, poétique et apériodique. Enquêteur minutieux, dessinateur infatigable, rédacteur presque unique du «journal le plus lu dans les terriers», il est à l'origine de plus de 100 numéros et aux petits soins encyclopédiques de 140 000 abonnés, dont une majorité de jeunes lecteurs.

AUTOUR DE LUI

JEAN DORST
(1924-2001)

Né à Brunstatt (Haut-Rhin), diplômé de biologie et de paléontologie, Jean Dorst prend la direction du département des mammifères et oiseaux du Muséum d'histoire naturelle en 1964, au moment de publier son livre pionnier, *Avant que nature meure*, qui dénonce l'érosion de la biodiversité et la perturbation des grands équilibres planétaires. Raillé par les dirigeants politiques, industriels et syndicaux qui en tiennent pour les «Trente Glorieuses», il associe son engagement militant (Amis de la Terre, Ligue pour la protection des oiseaux) et son œuvre d'ornithologue au long d'une dizaine de titres (*Les Migrations des oiseaux*, *La Vie des oiseaux*, *Les Oiseaux ne sont pas tombés du ciel*), dont le propos culmine avec *Le Peuple migrateur* (Jacques Perrin, 2002), film qu'il a co-écrit et qui lui est dédié.

PAUL GÉROUDET
(1917-2006)

Né à Genève, le jeune Paul s'abonne à la très sérieuse revue *Nos Oiseaux* et y écrit sa première note à 17 ans. Instituteur de métier, et sans aucun diplôme scientifique, il en deviendra le rédacteur en chef à 22 ans. Dans les années 1940 et 1950, il publie des ouvrages inédits et de référence : *Les Rapaces – Colombins et Gallinacés d'Europe*, *Les Échassiers*, *Les Palmipèdes* et *Les Passereaux*. En 1954, son adaptation du *Guide des oiseaux d'Europe* de Roger Peterson (1908-1996), Guy Mountfort (1905-2003) et Philip Hollom (1912-2014) fait date : Géroudet est sans doute le premier à retranscrire les cris et les chants d'oiseaux par des syllabes et des onomatopées en français. Défenseur acharné des rapaces et des migrateurs, il gardera toujours de sa longue carrière d'instituteur ornithophile l'amour de la pédagogie et de la belle plume.

MANFRED REICHEL
(1896-1984)

Né allemand, il grandit orphelin avec son oncle ornithologiste à Neuchâtel, où il est naturalisé suisse en 1913. Après deux ans à l'École des beaux-arts de Genève où il se perfectionne en dessin, il étudie les sciences de la nature à l'université de Neuchâtel, dont il sort docteur en zoologie en 1926. Premier professeur de (micro) paléontologie à l'université de Bâle, où il restera près de quarante ans, il se fait connaître de sa discipline par ses travaux pionniers sur la morphologie des foraminifères, protozoaires unicellulaires apparus il y a 500 millions d'années, dont il parvient à rendre lisibles les coquilles complexes par la précision extraordinaire de son trait. Ce talent développé à la plume et à l'encre éclate aussi dans ses représentations du vol animal, qu'il applique aux ptérosaures, aux chauves-souris et aux oiseaux.

QUELQUES CHOUETTES FAVORIS

CHOUETTE HULOTTE

Strix aluco, répandu dans toute l'Eurasie, est un rapace robuste au vol silencieux dont les grands yeux remplis de bâtonnets, sensibles à la lumière, et les oreilles asymétriques, sensibles aux basses fréquences, en font un parfait chasseur nocturne. Son étrange masque facial et ses hululements lui ont souvent valu une réputation d'oiseau de mauvais augure, mais Olivier Messiaen lui a écrit une pièce pour piano.

CARDÈRE CULTIVÉE

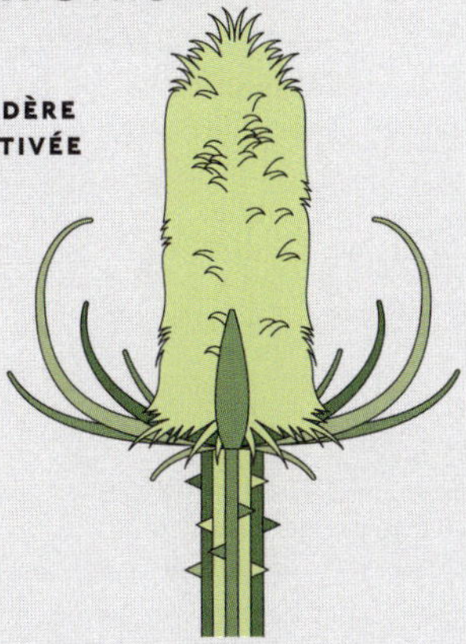

Dipsacus sativus a été intensément cultivée au XIXe siècle en Europe, dans des régions proches des centres lainiers, notamment en Vendée, dans le Midi et en Belgique. Jusque dans les années 1980, son capitule cylindrique et plus long que celui de la cardère sauvage (*Dipsacus fullonum*) servait au « lainage » des tissus de luxe, des tapis de billard et des couvertures en mohair, que le grattage rendait soyeux.

MOINEAU DOMESTIQUE

Passer domesticus, passereau originaire de Méditerranée et d'Asie, est maintenant répandu sur presque toute la planète. Commensal de l'humanité depuis la préhistoire, il est très sociable et vit en bandes pépiant leur « guilleri », mais la population familière des « piafs » commence à chuter dans les champs (insecticides, pesticides) et dans les villes (pollution sonore, nourriture trop riche).

ÉPEIRE À QUATRE POINTS

Araneus quadratus, présente en Eurasie, en Afrique du Nord et au Moyen-Orient, ne se distingue pas seulement par quatre taches blanches sur son dos qui varie de l'orange au vert. Parmi les araignées dites « orbitèles » (qui tissent des toiles géométriques), les siennes, tendues près du sol, peuvent atteindre 60 cm et prendre en un jour des centaines d'insectes dans leurs rayons de soie, y compris des sauterelles.

AULNE

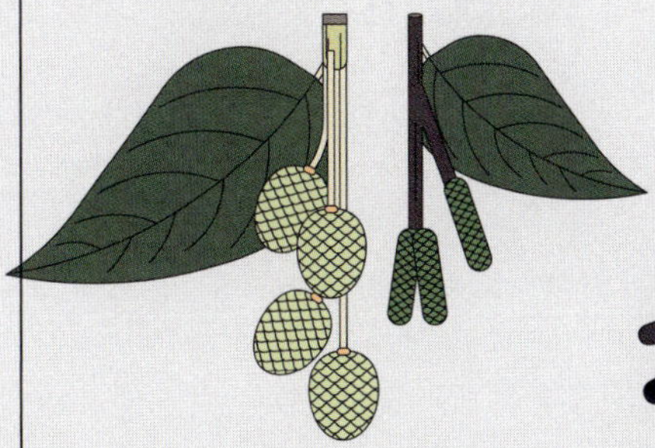

Le genre *Alnus*, présent près de l'eau dans tout l'hémisphère nord, prend quatre formes en France : le noir (*glutinosa*), le plus répandu, le blanc (*incana*), surtout dans les Alpes, le vert (*alnobetula*) en Corse et dans les Alpes, et le cordé (*cordata*) en Corse et un peu partout. On fait de son bois léger et homogène des guitares, des pontons et des sculptures. Les druides le tenaient pour un arbre sacré.

BUSARD CENDRÉ

Circus pygargus, chasseur de campagnols, d'alouettes, de lézards et de criquets, protégé en France, a l'habitude de nicher au sol, dans des landes ou des prairies humides, au milieu des grandes herbes. La disparition ou l'exploitation de ces milieux le contraint à émigrer vers les cultures, préférablement les champs de blé, où il expose sa famille à la lame des faucheurs et des moissonneuses-batteuses.

44

52

34

DOSSIER PRAIRIES

TRIBUNE

PRAIRIES, BIODIVERSITÉ ET AGROÉCOLOGIE

Par Vincent Bretagnolle

Les paysages agricoles abritent une biodiversité étonnement élevée, depuis les espèces ayant un rôle fonctionnel, comme les pollinisateurs, jusqu'aux espèces à enjeu patrimonial, comme certains oiseaux. Environ la moitié des 600 espèces d'oiseaux européennes y vivent. Pourtant, un tiers des individus ont disparu des campagnes françaises en vingt ans et 400 à 600 millions se sont volatilisés du continent en trente ans, plus de 50 % des oiseaux ont également disparu des milieux ruraux d'Amérique du Nord en 45 ans (soit 3 milliards d'individus), et 60 % des oiseaux de terres agricoles du Royaume-Uni se sont éteints en 50 ans. Des chiffres vertigineux : sur notre site d'étude (Zone Atelier Plaine & Val de Sèvre), entre 1 et 2 % des oiseaux, toutes espèces confondues, s'effacent chaque année de la plaine céréalière des Deux-Sèvres. Les plantes, amphibiens, reptiles, insectes ou mammifères suivent la même voie.

À l'origine de cet effondrement : l'intensification de l'agriculture, avec le recours massif aux intrants chimiques (fertilisants, pesticides), le remplacement des habitats naturels et des prairies permanentes par des cultures et l'utilisation plus intensive des terres agricoles. La disparition de mosaïques culturales et d'éléments semi-naturels dans les paysages agricoles – bordures des champs, haies, prairies –, et l'apparition des prairies artificielles ont contribué à l'homogénéisation de l'habitat à toutes les échelles spatiales. Les paysages agricoles mixtes, arables et pastoraux ont été remplacés par des zones homogènes de cultures annuelles, ou de prairies tout aussi homogènes et fertilisées, avec une augmentation de la taille moyenne des champs et la simplification extrême des rotations culturales.

Dans ces paysages, l'équilibre spatial et temporel subtil entre prairies et cultures est garant du bon fonctionnement écologique, mais aussi agronomique et économique. Les prairies sont des milieux « stables » non labourés et servent de refuge pour la biodiversité, en tant qu'habitat de reproduction non perturbé, zone d'alimentation privilégiée et lieu de recolonisation des cultures annuelles par la biodiversité, laquelle disparaît pour l'essentiel lors des moissons et des labours dans les cultures annuelles. Pour les oiseaux et les insectes, les prairies (dont les luzernes, des prairies temporaires) sont des hotspots de biodiversité. Mais en-dessous d'une certaine superficie, elles ne peuvent plus assurer ce rôle: dans les milieux tempérés, un agroécosystème dont la surface en prairie est inférieure à 10 % perd ses capacités de production d'insectes, et donc ses oiseaux et l'ensemble du fonctionnement écologique. Dans les agroécosystèmes céréaliers, les prairies régulent aussi des fonctions majeures: qualité de l'eau, limitation des gaz à effet de serre, recyclage de la matière organique et bien sûr systèmes d'élevage, bouclant un cycle harmonieux végétation-pâturage-engrais (fumier), autrefois systématique dans les systèmes de polyculture-polyélevage. Ces cycles ne sont plus bouclés, d'où des fuites au niveau de l'azote ou du carbone…

Et puis, les prairies présentent un enjeu économique de taille: elles rapportent peu mais ne coûtent rien et assurent aux éleveurs une autonomie fourragère. Mais depuis les années 1980, elles sont beaucoup moins subventionnées que les cultures, donc moins rentables à court terme qu'un blé soutenu par les primes de la Politique agricole commune, qui a également favorisé les protéines végétales pour l'élevage. Les prairies ont donc été remplacées par un système de maïs ensilage/ray-grass, ou pire, par des tourteaux de soja importés. La même PAC a mis en place des outils pernicieux, tels que la «mesure rotationnelle» entre 2006 et 2015, qui a mené au retournement des prairies permanentes pour des prairies artificielles, en encourageant la destruction de milieux très riches en biodiversité pour 50 ou 60 € de l'hectare (montant de la prime rotationnelle). L'Europe a ainsi éliminé les prairies des paysages agricoles intensifs, alors que dans le même temps elle imposait timidement par l'outil législatif le maintien des prairies permanentes !

Dans le sud des Deux-Sèvres, les prairies couvraient en 1950 près de 70 % de la superficie des territoires. Aujourd'hui, 12 ou 13 %. Et demain? Tout dépendra du maintien de l'élevage, un élevage extensif, hors stabulation, intégrant le bien-être animal et des circuits de distribution en vente directe. Si ces aspirations sociétales et écologiques ne sont pas prises en compte par les éleveurs, les agriculteurs, les filières et les politiques publiques, ce sera la fin des prairies, d'une agriculture résiliente et de la biodiversité. ^

Terres céréalières.
Les champs plus sombres sont en jachère l'été.
Comté des Nez-Percés, Idaho, États-Unis, 1941

PRAIRIES ET AGRICULTURE DANS LE MONDE

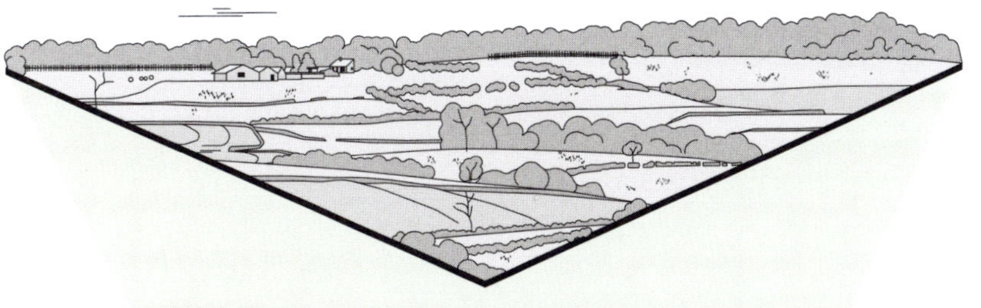

La plupart des prairies que l'on voit aujourd'hui sont des formations secondaires occupant la place de très anciennes landes ou forêts. Les surfaces que l'on cultivait autrefois après abattis et brûlis, en rotation avec de longues périodes de repousse des arbres, ont été définitivement défrichées, quitte à les laisser périodiquement en jachère et à les mettre régulièrement en pâture. Aujourd'hui, alors que les herbages «naturels» reculent dans presque tous les pays, il apparaît que les prairies pour les ruminants, mises en rotation, constituent de puissants puits de carbone.

Marc Dufumier
Agronome et professeur honoraire à AgroParisTech

RARES SONT AUJOURD'HUI LES PRAIRIES vraiment naturelles exclusivement parcourues par des animaux sauvages. Depuis la naissance de l'agriculture et de l'élevage au Néolithique, la plupart ont été aménagées et entretenues par les humains pour alimenter un nombre toujours croissant d'herbivores domestiques. Ces étendues herbacées se sont substituées à des espaces autrefois forestiers, marécageux, emblavés annuellement ou laissés périodiquement en jachère. Il en résulte aujourd'hui une très grande diversité de prairies destinées à nourrir les troupeaux d'éleveurs sédentaires ou transhumants, en association plus ou moins étroite avec d'autres terrains consacrés à des cultures annuelles ou pérennes. Aussi distingue-t-on aujourd'hui des prairies permanentes, des prairies temporaires, des prairies artificielles, des prés de fauche, des prés-vergers, des pré-bois, des pelouses d'altitude, des parcours communaux...

PRAIRIES NATURELLES PARCOURUES PAR DES ANIMAUX SAUVAGES

Les prairies naturelles sont des formations herbacées constituées principalement de graminées, de cypéracées et de légumineuses qui parviennent à recouvrir totalement les terrains concernés, à la différence des steppes des régions semi-arides où les sols ne sont que partiellement couverts par la végétation. Ces étendues ne présentent généralement que très peu d'espèces ligneuses, au contraire des savanes arbustives ou arborées. Cela est dû notamment à leur exposition périodique à de vastes incendies, occasionnés par des orages ou provoqués par des chasseurs soucieux de déplacer massivement leurs gibiers en des lieux très précis. Ces « feux de brousse », qui contribuent à entraver le développement d'arbres et arbustes, étaient largement pratiqués avant l'arrivée des Européens par les populations de chasseurs amérindiens dans les Grandes Plaines d'Amérique du Nord et au cœur de la pampa argentine. Le même procédé était mis en œuvre par les populations San (Bochimans) du Haut Veld sud-africain avant l'arrivée des éleveurs nomades Khoïkhoï et des colonisateurs Boers ou Britanniques. Les prairies aujourd'hui encore parcourues exclusivement par des animaux sauvages sont le plus souvent situées dans des réserves et des aires protégées.

Les Grandes Plaines qui, à l'ouest du Mississippi, furent longtemps tapissées d'une vaste prairie naturelle peuplée de chasseurs et cueilleurs amérindiens, ont été traversées par des trappeurs européens à la recherche de fourrures, puis parcourues par des cow-boys à la tête d'immenses troupeaux de ruminants, avant d'être colonisées par des agriculteurs venus des États de l'Est où les terres consacrées au blé étaient en voie d'épuisement. Refoulé toujours plus à l'ouest vers les Rocheuses, l'élevage extensif de gros bétail pâturant la *Prairie* a cédé progressivement la place à de grandes emblavures dédiées à la culture de maïs et de soja destinés à l'élevage de porcs, dans ce qui est aujourd'hui la *Corn Belt*.

PRAIRIES PERMANENTES ET ENCLOSES DES RANCHS D'ÉLEVAGE EXTENSIF

L'évolution des anciennes prairies naturelles de la *Pampa* humide en Argentine a été très similaire. Les colons espagnols ont commencé leur exploitation par un élevage pastoral de troupeaux bovins conduits par des *gauchos* à cheval. Ils ont ensuite constitué de vastes ranchs (*fazendas*) formés de parcelles clôturées de grande taille. Le recours au fil de fer barbelé a ainsi permis de déplacer périodiquement les troupeaux dans le cadre d'un pâturage tournant, libérant les éleveurs d'une surveillance permanente. Les animaux des deux sexes et de tout âge y étaient généralement déplacés ensemble, sans allotissement particulier, sur les mêmes prairies permanentes. Cette pratique est encore aujourd'hui largement répandue : après avoir momentanément pâturé l'herbe, les troupeaux la laissent repousser dans chacune des parcelles. Leur flore, composée d'espèces issues de la végétation naturelle antérieure aux enclosures, n'est jamais fauchée et reste diversifiée. Ne faisant souvent l'objet d'aucun soin particulier, hormis la coupe à la machette de jeunes pousses d'arbustes indésirables, ces terres ne bénéficient d'aucun apport de fertilisants ni de produits phytosanitaires. Les prairies permanentes exploitées en pâturage tournant se caractérisent généralement par des rendements fourragers assez faibles, variables d'une saison à l'autre, et fortement aléatoires du fait des accidents climatiques. Mais elles permettent de produire de la viande ou de la laine à moindre coût : l'élevage extensif est très peu exigeant en intrants et en travail, les animaux et le foncier représentent les deux principales immobilisations de capitaux. Les infrastructures se réduisent à de petits équipements : points d'eau pour l'abreuvement, clôtures en fil de fer barbelé, corrals et couloirs de contention, fosses pour les bains acaricides.

L'ÉLEVAGE EXTENSIF EST TRÈS PEU EXIGEANT EN INTRANTS ET EN TRAVAIL.

Avec des investissements réduits à l'unité de surface, le pâturage des prairies permanentes offre généralement des taux de profit comparables à ceux des autres secteurs de l'économie dans les campagnes des Amériques du Nord et du Sud, de l'Afrique australe et de l'Australie, où prédominent encore de très grandes exploitations agricoles capitalistes. En Nouvelle-Zélande, des troupeaux de moutons d'environ 3 000 têtes pâturent les herbages au sein de très vastes prairies naturelles, sans grandes interventions humaines. Avec une pousse de l'herbe quasi continue durant toute l'année, ce pays parvient à exporter conjointement de la laine et de la viande d'agneau à des prix parmi les plus bas au monde.

La Prairie dans le Dakota du Sud, 2006

PRAIRIES AMÉNAGÉES APRÈS ABATTIS ET BRÛLIS

La plupart des prairies observables de nos jours dans le monde sont des formations secondaires qui occupent la place de très anciennes landes ou forêts. Les surfaces autrefois cultivées temporairement après abattis et brûlis du couvert ligneux, en rotation avec de longues périodes de recrû arboré ou arbustif, ont été définitivement défrichées et essouchées pour être plus fréquemment cultivées en céréales, tubercules et autres plantes alimentaires ou textiles. Quitte à être laissées périodiquement en jachère pour ne pas épuiser le taux d'humus des sols et régulièrement pâturées par des troupeaux de ruminants... Ce pâturage des herbes poussant spontanément sur les parcelles en jachère avait pour objectif de réduire leur prolifération afin que celles-ci ne deviennent pas des herbes adventices une fois les terres remises en culture. Ainsi, les bergers et vachers conduisaient plusieurs fois les troupeaux sur les mêmes jachères, pour empêcher ces « mauvaises herbes » d'arriver aux stades de la floraison et de l'égrenage. Une fois défrichés, les terrains trop peu fertiles ou très difficiles à labourer avec les seuls outils manuels ou attelés ont généralement été mis en herbes et ont laissé la place à des prairies permanentes. Les agriculteurs luttaient systématiquement contre les recrûs ligneux pour éviter l'embroussaillement et faire en sorte que les herbages destinés à la pâture ou au fauchage aient pleinement accès à la lumière. En France, de nombreuses prairies permanentes ont ainsi été aménagées dans les régions d'altitude, sur des coteaux périphériques ou au cœur de zones facilement inondables, du fait des grands défrichements au Moyen Âge. Chevaux et ruminants ont alors pu être nourris à l'herbe, au pâturage en été et à l'étable en hiver avec du foin. Situées sur des sols très humides ou trop éloignées des bâtiments d'exploitation pour être aisément pâturées, nombre de prairies permanentes ont été fauchées à la faucille, à la faux ou à la barre de coupe attelée pour la production de foin destiné à la stabulation hivernale, dont le transport exigeait d'avoir accès à des animaux de bât ou à des charrettes. D'une grande diversité floristique et faunistique, les prairies humides jouent aujourd'hui un rôle important pour la conservation d'espèces d'oiseaux et d'insectes menacées d'extinction.

AGER ET SALTUS

À l'issue des grands défrichements dans les régions de climat tempéré, beaucoup de sociétés rurales ont délimité au sein de leurs finages villageois des zones de champs destinées aux cultures (*ager*), des endroits dédiés exclusivement au pâturage de prairies permanentes (*saltus*), de petites aires de jardins-vergers (*hortus*) et des espaces encore maintenus en forêt (*silva*) sur les terrains les plus accidentés. Contrairement aux secteurs plus spécifiquement consacrés aux cultures, les étendues de prairies n'ont pas nécessairement été divisées en parcelles à droit d'usage privatif et sont restées souvent libres d'accès aux bestiaux des uns et des autres. Il existe encore aujourd'hui en France des pâturages communaux dans lesquels les bergers et vachers peuvent conduire sans entraves leurs troupeaux respectifs, au risque de provoquer parfois un surpâturage quand les droits d'usage ne font pas rigoureusement l'objet d'une régulation communautaire. Les prairies permanentes du *saltus* ne contribuaient pas seulement à fournir de l'herbage aux ruminants et autres herbivores, mais permettaient aussi des transferts de matières organiques pour la fertilisation des terres arables de l'*ager*, notamment lorsque les troupeaux qui avaient pâturé ces prairies dans la journée étaient parqués la nuit sur les terres en jachère ; ou bien lorsque les bouses ou les fumiers accumulés dans les étables et bergeries lors des périodes de stabulation hivernale étaient transportés à la charrette pour y être épandus avant semis sur les terres destinées à être mises en culture. Les terres de parcours du *saltus* étaient donc intégrées dans des systèmes de production associant agriculture et élevage, avec des rendements céréaliers fortement conditionnés par ces apports de matières organiques.

ENCLOSURES ET PRAIRIES TEMPORAIRES

Au sein même de *l'ager*, les terres dont les familles villageoises avaient souvent un droit d'usage exclusif pendant les phases de mise en culture restèrent longtemps libres d'accès aux animaux de tous après la récolte des céréales et lors des périodes de jachère. Ce droit de « vaine pâture » a perduré très largement en Europe de l'Ouest jusqu'à la fin du XVIIIe siècle. Il a été remis en cause lorsque des paysans aisés sont parvenus à clôturer leurs parcelles pour y intégrer des plantes sarclées (navets, pommes de terre, etc.) ou des prairies temporaires, en remplacement des jachères, dans leurs rotations de culture. Un tel investissement ne pouvait être rentabilisé qu'en empêchant le passage sur leurs prairies des animaux de leurs voisins. Cette privatisation croissante des droits d'accès aux terres agricoles a occasionné de graves conflits dans les campagnes...

Le remplacement des jachères par des prairies temporaires de graminées et légumineuses a toutefois permis de nourrir un nombre accru d'animaux et de produire davantage de fumier, tout en permettant de contrôler la prolifération des herbes adventices dans les cultures qui leur succèdent dans les rotations. Fauchées et/ou pâturées avant d'égrener, ces herbes indésirables ont vu leur reproduction entravée, comme dans les jachères antérieures. Les pailles des céréales ont été mieux valorisées pour la confection de litières dans les étables et les bergeries, et la production et l'épandage renforcés de fumier dans les champs ont contribué à relever le taux d'humus dans les sols et permis une augmentation très sensible des rendements céréaliers.

Qualifiées étrangement d'« artificielles », les prairies temporaires composées exclusivement de légumineuses (luzerne, trèfle, sainfoin, etc.) présentent aussi l'avantage d'être une source importante de protéines pour les ruminants et de fertiliser les sols en azote par la voie biologique : des bactéries du genre *Rhizobium* s'incrustent dans leurs racines et fixent l'azote atmosphérique en puisant l'énergie nécessaire dans leurs sucres. Les plantes qui succèdent à la prairie artificielle dans la rotation de culture ont alors moins besoin d'engrais azotés de synthèse (urée, nitrates et sulfates d'ammonium) et peuvent même parfois s'en passer.

Rassemblement de moutons à la gare de Bendigo, Otago, Nouvelle-Zélande, 1965

À quelques exceptions près, les famines ont disparu dans la plupart des pays ayant réalisé ce type de révolution fourragère. L'association étroite de l'agriculture et de l'élevage pastoral s'est révélée très efficace pour mettre fin à la faim dans les pays d'Europe de l'Ouest. Elle peut être encore aujourd'hui une voie pertinente pour nourrir correctement et durablement l'humanité toute entière.

Paysage culturel constitué de prés de fauche, entretenus à la main aux environs de Bocicoel, dans les monts Maramureş, Carpates orientales, Roumanie du nord

HAIES VIVES ET BOCAGES

Dans certaines régions d'Europe de l'Ouest où prédominait un habitat dispersé et où les contraintes de vaine pâture étaient bien moins ancrées, le processus des enclosures est allé très précocement de pair avec l'installation de haies de buissons et d'arbres plantés sur des levées, construites avec de la terre issue d'un fossé parallèle. Ainsi ont été constitués les paysages bocagers de Bretagne, de Normandie, du Limousin, de Galice, du Pays de Galles et de nombreuses autres régions de la façade atlantique. Les terres réservées aux labours et les prairies permanentes dédiées au pâturage et/ou à la fauche se sont retrouvées clairement séparées par ces haies vives, talus et fossés, de sorte que les troupeaux ne pouvaient plus pénétrer librement sur les chaumes des voisins. La vaine pâture n'était pas, il est vrai, nécessaire dans les régions océaniques où l'herbe abondait durant l'été. Les éleveurs n'avaient qu'à déplacer leur bétail d'une prairie à une autre dans le cadre d'un pâturage tournant, pour laisser repousser les herbes après chaque période de broutage et apporter

du foin et d'autres productions fourragères (betteraves, navets) aux animaux en stabulation pendant les mois de moindre croissance herbagère.

Les haies vives n'ont jamais eu pour seul objectif de clôturer les parcelles et d'empêcher la divagation du bétail. Elles pouvaient et peuvent encore remplir un grand nombre d'autres fonctions au sein des bocages : apporter de l'ombrage aux animaux lors de fortes chaleurs, jouer le rôle de brise-vent, héberger des pollinisateurs et autres insectes auxiliaires des cultures, réduire les ruissellements, éviter les inondations dans les talwegs et fonds de vallées…

Les prairies ont parfois été complantées d'arbres fruitiers à hautes tiges (pommiers, poiriers, cerisiers, mirabelliers, etc.) et forment alors de véritables prés-vergers combinant étroitement la production de fruits et le pâturage. Les drêches issues du pressage des fruits peuvent être consommées par les bestiaux et la chute annuelle des feuilles à l'approche de l'hiver constitue un apport de matières organiques pour la fertilisation des prairies, sans parler des éléments minéraux puisés par les arbres en sous-sol avec leurs racines les plus profondes.

Au cours des dernières décennies, les modalités de pâturage des prairies permanentes et temporaires ont fait l'objet de multiples perfectionnements dans la plupart des pays, avec notamment le recours à des clôtures électriques mobiles. Nombreux sont désormais les éleveurs qui conduisent et déplacent fréquemment leurs troupeaux d'un site à l'autre dans le cadre d'un pâturage tournant dynamique : la presque totalité des herbes sont broutées à temps, pas seulement les repousses les plus appétantes.

ÉLEVAGES INDUSTRIELS ET RETOURNEMENT DES PRAIRIES

Soumis au « libre-échange » des produits agricoles et alimentaires depuis la deuxième moitié du XIXe siècle, les exploitants agricoles ont eu recours à la mécanisation, la motorisation, voire la robotisation, ainsi qu'à la « chimisation » de leurs systèmes de culture et d'élevage, pour produire aux moindres coûts monétaires et rester compétitifs sur le marché mondial. Au risque de réaliser de lourdes dépenses dans l'achat de nouveaux équipements (tracteurs, ensileuses, robots de traite) ou la construction de plus grands bâtiments d'élevage (étables, bergeries, salles de traite)… Pour amortir au plus vite ces investissements, ils ont très souvent spécialisé leurs systèmes de production, avec pour effet de dissocier toujours davantage agriculture et élevage. Aussi, les élevages de ruminants et les pâturages ont-ils presque totalement disparu du Bassin parisien et des zones de grandes cultures (Brie, Beauce, Picardie). Dans les régions dédiées à l'élevage, les ruminants restent davantage confinés dans les nouveaux bâtiments, quitte à moins fréquenter les herbages et à se nourrir avec des aliments achetés, et souvent importés : graines et ensilage de maïs, tourteaux de soja, etc. Les prairies permanentes ne sont plus réservées qu'aux seules vaches allaitantes accompagnées de leurs broutards, tandis que les laitières maintenues à proximité des salles et robots de traite sont de plus en plus nourries comme des monogastriques, ces animaux qui, comme les cochons et les volailles, n'ont qu'un seul estomac et ne ruminent pas. Tout comme les taurillons et agneaux destinés à l'engraissement dont on souhaite réduire au maximum les déplacements.

LES PRAIRIES ONT LAISSÉ LA PLACE À DES CULTURES DE MAÏS OU DE SOJA, DESTINÉES PRINCIPALEMENT À NOURRIR LE BÉTAIL.

Ces nouveaux modes d'élevage ont motivé le retournement de nombreux terrains, dédiés antérieurement à des prairies permanentes, et occasionné un recul très sensible des surfaces en herbage dans la quasi-totalité des pays. Au cours des soixante dernières années, la superficie des prairies permanentes dans l'Hexagone a diminué au rythme de 38 000 hectares par an pour ne plus représenter aujourd'hui que 7,6 millions d'hectares (contre 9,9 millions en 1961), soit environ 28 % de la surface agricole utilisée. La moto-mécanisation des travaux culturaux a incité les agriculteurs à abattre les haies vives pour agrandir leurs parcelles, et les bocages laissent désormais place à des paysages plus ouverts avec de moins en moins de prairies. Une évolution semblable est intervenue dans l'Europe des 27 tandis que, dans les ranchs d'élevage argentins et brésiliens, les prairies ont laissé la place à des cultures de maïs ou de soja (destinées principalement à nourrir le bétail). Ce retournement des prairies et la moindre couverture végétale des terrains, qui ne protège plus les sols de l'agression des pluies et des vents, se sont fréquemment traduits par une érosion accrue des sols concernés.

LES VERTUS DE L'ÉLEVAGE À L'HERBE

Destinées principalement à l'alimentation des ruminants, les prairies sont néanmoins de plus en plus souvent dénoncées comme incompatibles avec les exigences d'un « développement durable » ou d'une transition écologique. Elles seraient, nous dit-on, à l'origine de la faim et de la malnutrition dans le monde, en occupant des surfaces qui pourraient être plus utilement consacrées à l'alimentation humaine. Ce à quoi s'ajoute le fait que la rumination des bovins, ovins et caprins occasionne des émissions de méthane, puissant gaz à effet de serre, et contribue donc au réchauffement climatique global. Mais les choses ne sont pas aussi simples. La faim et la malnutrition ne résultent pas tant d'une insuffisance de nourriture sur le marché mondial que de la pauvreté de populations qui ne parviennent pas à acheter les excédents actuels de produits alimentaires, acquis de préférence par des usines d'aliments pour le bétail ou par des usines d'éthanol et d'agro-diesel pour les voitures et les avions. Pour nourrir correctement l'humanité toute entière, il suffirait d'environ 200 kilos de céréales (ou leur équivalent en pomme de terre, manioc, igname) par habitant et par an. Or la production mondiale est déjà de 330 kilos de céréales par habitant et par an ! Ces productions (maïs, soja, betterave, huile de palme) proviennent le plus souvent de surfaces conquises sur les forêts amazoniennes, congolaises ou indonésiennes, avec des effets sur le climat et la biodiversité bien plus dramatiques que ceux attribués aux prairies. Selon le WWF, la France serait à l'origine d'une « déforestation importée » de 5,1 millions d'hectares par an.

Les prairies permanentes destinées à l'alimentation des ruminants sont pourtant de puissants puits de carbone : la décomposition et le renouvellement des racines d'herbes contribuent à accroître le taux d'humus dans les sols et à y séquestrer du carbone. L'intégration de prairies temporaires riches en légumineuses dans les rotations de cultures contribue à la fertilisation azotée des sols par la voie biologique et permet de réduire le recours aux engrais azotés de synthèse (urée, nitrates et sulfates d'ammonium, etc.) pour les cultures qui leur succèdent dans la rotation. Cela a pour effet de réduire la consommation d'énergie fossile nécessaire à la fabrication de tels engrais et de réduire les émissions de protoxyde d'azote, gaz à effet de serre émis lors de l'épandage des engrais azotés de synthèse (oxydation de l'ammoniac) bien plus puissant que le gaz carbonique et le méthane (ce qui n'est pas le cas avec les rhizobiums fixés sur les racines dans les sols). Le CITEPA (Centre technique de référence en matière de pollution atmosphérique et de changement climatique) considère que les émissions de N2o (protoxyde d'azote) représentent 51 % de la contribution de l'agriculture française au réchauffement climatique. À cela s'ajoute le fait que les viandes et produits laitiers issus d'animaux élevés à l'herbe sont bien plus riches en acides gras oméga-3 que ceux nourris au maïs et au soja.

Les systèmes de production agricole diversifiés qui relèvent de l'agro-écologie – une discipline scientifique qui s'efforce de rendre intelligible la complexité et le fonctionnement des écosystèmes agricoles – et associent étroitement agriculture, maintien des prairies et élevage d'herbivores au sein des terroirs sont bien les plus conformes aux exigences d'une alimentation saine et d'un développement durable. Ces pratiques séquestrent du carbone dans les sols en émettant moins de gaz à effet de serre (mesuré en équivalent carbone), en préservant une plus grande biodiversité et en offrant notamment plus de pollens aux pollinisateurs.

Vaches dans les pâturages devant les montagnes Uinta, Heber, Utah, États-Unis, 1941

1
4
2
3
a
5
6

Libellules et éphémères, dans George Samouelle, The Entomologist's Useful Compendium, Londres, 1819

LE DÉCLIN SILENCIEUX DES INSECTES DE PRAIRIES

Abeilles, fourmis, guêpes, mouches, bousiers, coccinelles, libellules, pucerons, éphémères, sauterelles, cigales, papillons sont quelques-unes des familles qui nous sont les plus familières parmi les 40 000 espèces d'insectes peuplant l'Hexagone. Cette entomofaune grouillante, absolument indispensable au peuplement animal, au développement végétal et au recyclage des déchets, est soumise à l'agression conjuguée des pesticides, herbicides, antiparasitaires et autres engrais azotés. Conséquence : en Europe, l'abondance des insectes a souvent baissé de deux tiers.

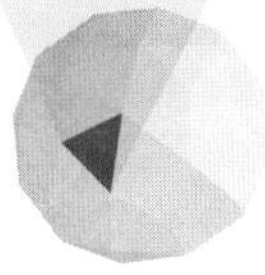

Philippe Grandcolas
Écologue et systématicien

Coccinelle
à ocelles,
Coccinella ocellata
dans J. Curtis,
British
entomology,
i. e. 1829-1840

nos cours d'eau. Remarquables par leur mode de vie, les larves aquatiques d'éphémères se développent lentement tandis que les adultes ont une vie aérienne limitée à quelques jours. Ces espèces ont aussi le grand avantage d'offrir une nourriture abondante aux poissons de rivières et aux oiseaux des milieux avoisinants. Ce phénomène peut atteindre des dimensions gigantesques : les émergences d'éphémères sur le lac Érié, au nord des États-Unis, sont suivies au radar et peuvent atteindre une masse globale de trente tonnes ! Mais elles ont décliné de moitié ces dernières années, du fait des pesticides.

Ce bref tour d'horizon des insectes de prairies se doit d'évoquer sauterelles, grillons et criquets. Presque tous stridulants, ces orthoptères rythment nos saisons de leurs chants produits par leurs ailes, leurs pattes, voire les deux ensemble, émettant parfois jusqu'à 80 décibels du haut de leur vingt millimètres. Ils consomment beaucoup de matière végétale, les uns des graminées, les autres des dicotylédones, certains se limitant aux graines ou au pollen, voire pour les sauterelles à quelques insectes prédatés. Mais une prairie ne serait pas une prairie sans l'abondance des criquets sautant en tous sens et régulant la croissance de bien des plantes, jusqu'aux pelouses alpines où vivent deux ou trois espèces résistantes au froid.

Mentionnons aussi les nombreux parents des pucerons, cochenilles phytophages, punaises prédatrices – certaines laissent une odeur acide de pomme sur les fruits rouges du jardin – et cigales de l'été, tous hémiptères à l'appareil suceur-piqueur qui leur sert à attaquer les plantes ou les proies envenimées.

Gardons pour la fin le groupe d'insectes le plus emblématique : les papillons, notamment les grands diurnes colorés que nous voyons avec joie butiner et voler. Parmi les dizaines d'espèces présentes en France, celles dont les chenilles ne consomment que des plantes-hôtes particulières sont évidemment plus vulnérables. Une dizaine d'espèces ont déjà disparu et au moins autant sont dans une situation inquiétante. Une espèce aussi banale autrefois que le Gazé (*Aporia crataegi*), lié notamment à l'aubépine, au prunellier ou aux arbres fruitiers des vergers, aujourd'hui traités avec des pesticides et taillés en basses tiges, se raréfie beaucoup en France après avoir disparu de Grande-Bretagne.

Comme l'a rappelé récemment l'Académie des sciences, les cas de déclin ou de régression que nous avons évoqués sont tous liés à deux causes dominantes : la conversion des milieux et la pollution par des pesticides et autres intrants[1]. Dans la première, les prairies sont converties en d'autres types de milieux, par bétonnage en milieu péri-urbain ; par transformation en prairie fourragère non permanente, en champs cultivés, en plantations monospécifiques d'arbres ; voire par embroussaillage et développement d'une strate arbustive et arborée en cas de régression des pâturages traditionnels. Les haies sont les compagnes des prairies et, comme on le sait, leur arrachage a été un phénomène extrêmement répandu : en France, 70 % des haies du début du xxe siècle ont disparu (environ 1,4 million de kilomètres linéaires), et leur destruction s'est poursuivie durant ces dernières décennies[2]. La diversité du paysage ainsi réduite fournit moins de microhabitats, moins d'espèces végétales et donc moins d'insectes.

CES INSECTICIDES HYPERTOXIQUES NE CIBLENT PAS LES VÉRITABLES ENNEMIS DES CULTURES, RESTENT LONGTEMPS ACTIFS ET TRANSITENT PAR LESSIVAGE DANS LES MILIEUX ADJACENTS.

Les pollutions sont principalement causées par les insecticides actuels. Infiniment plus toxiques que les organochlorés d'autrefois, comme le DDT. Rémanents et trop souvent répandus de manière préventive et non raisonnée, ils sont omniprésents dans les milieux naturels, comme le montre l'analyse chimique de parcelles de culture non traitées récemment ou de mémoire d'exploitant[3]. Les fameux néonicotinoïdes enrobant les graines sont emblématiques : ces insecticides hypertoxiques ne ciblent pas les véritables ennemis des cultures, restent longtemps actifs et transitent par lessivage dans les milieux adjacents. Leurs effets sur les populations d'insectes sont avérés en laboratoire et dans le milieu naturel : ils tuent très efficacement, ce qui est évidemment attendu de la part d'insecticides. Mais à doses sublétales, ils causent de graves problèmes comme la désorientation des butineuses[4]. Les quantités utilisées vont toujours croissant dans le monde, mais l'arbre des « néonics » ne doit pas cacher la forêt des molécules commercialisées, aussi nombreuses que toxiques.

À ces insecticides pollueurs s'ajoutent d'autres produits aux effets très négatifs. Par exemple, un herbicide très largement utilisé comme le glyphosate a des effets négatifs bien répertoriés sur les populations d'abeilles[5]. Sans compter que la diminution résultante de la diversité en limite des zones de culture pèse sur la diversité même des insectes[6]. Par ailleurs, l'ivermectine, antiparasitaire largement prescrit au bétail, est bien connu pour nuire aux nombreuses espèces consommatrices de bouses[7].

♀
g
h
f
a
♀
♀
b
e
c
d
♂
♀
♀
♀
♀

L'épandage massif d'engrais azotés pose d'autres problèmes : ils se substituent à une gestion raisonnée de l'espace cultivé en supprimant les assolements d'autrefois et en diminuant encore la diversité des zones de culture. Des bourdons paient ainsi le prix de la diminution des cultures de trèfle utilisées en assolement traditionnel… Enfin, dernière agression mais non des moindres, la pollution lumineuse en zone urbaine et péri-urbaine, souvent complètement inutile, attire et tue par épuisement des quantités astronomiques d'insectes.

Ces différentes causes de déclin se combinent entre elles, voire créent une synergie négative tant elles accablent les populations d'insectes de toutes parts. Ainsi, les bousiers déclinent du fait de la diminution des surfaces de prairie permanente, des pesticides généralisés et des antihelminthiques du bétail, tandis que les abeilles sauvages déclinent à cause des pesticides et de l'hyper-simplification du paysage. De leur côté, les papillons sont touchés par l'appauvrissement floristique des milieux, qui limite la diversité des plantes nourricières, mais ils sont victimes eux aussi des pesticides systémiques. Le bilan global du déclin d'un univers entier d'insectes est difficile à dresser, mais toutes les études qui ne se bornent pas à compter des individus sans distinction d'espèces montrent un déclin généralisé des insectes de milieux ouverts, principalement de prairies (incluant prairies humides, pelouses, certaines landes), surtout lorsque celles-ci sont insérées dans un paysage agricole industriel[8]. La fameuse constatation empirique selon laquelle les pare-brises de voitures restent aujourd'hui indemnes d'insectes écrasés a été confirmée par deux études européennes[9] !

On peut donner des ordres de grandeur. Certaines régions en Europe ont vu baisser de trois quarts leur abondance en insectes[10] et, au niveau local, la quantité d'espèces a souvent diminué de plus d'un tiers, selon des calculs conduits sur des dizaines de milliers d'échantillons collectés dans 150 sites de prairies et concernant plus de 2 000 espèces différentes[11]. Ce déclin massif doit évidemment nous alerter, car les services rendus par les insectes, que nous considérons comme allant de soi, ne perdureront pas. Déjà, les populations d'oiseaux même partiellement insectivores baissent sévèrement, en l'absence de nourriture[12]. De même, des productions culturales plafonnent, faute d'activité biologique avec les insectes du sol ou de pollinisation renforçant la productivité de certaines plantes, y compris autofertiles[13]. Au rythme où se poursuit la dégradation de l'environnement, ces baisses locales se généraliseront et des espèces éteintes localement finiront par s'effacer entièrement. Nous connaissons les remèdes : restaurer la diversité des milieux naturels, les laisser s'enrichir naturellement et diminuer très fortement les pollutions en recourant à d'autres modes de culture plus respectueux de l'environnement. Il nous reste à les appliquer sans tarder.

Hyménoptères, J. Rotschild, Musée entomologique illustré : histoire naturelle iconographique des insectes, Paris, 1876-1878

NOTES

1. Jactel H., Imler J.-L., Lambrechts L., Failloux A.-B., Lebreton J.-D., Le Maho Y., Duplessy J.-C., Cossart P. et Grandcolas P., "Insect decline: immediate action is needed.", *Comptes Rendus Biologies*, p. 343, 267-293, 2020.

2. Pointereau P., « Les haies : évolution du linéaire en France depuis quarante ans. » *Le Courrier de l'environnement de l'INRA*, n° 46, p. 69-73, 2002.

3. Wintermantel D., Odoux J.-F., Decourtye A., Henry M., Allier F. et Bretagnolle V., "Neonicotinoid-induced mortality risk for bees foraging on oilseed rape nectar persists despite EU moratorium", *Science of The Total Environment*, p. 704, 2020.

4. Henry M., Béguin M., Requier F., Rollin O., Odoux J.-F., Aupinel P., Aptel J., Tchamitchian S. et Decourtye A., "A Common Pesticide Decreases Foraging Success and Survival in Honey Bees", *Science*, n° 336, 2012.

5. Battisti L., Potrich M., Sampaio A.-R., de Castilhos Ghisi N., Costa-Maia F.-M., Abati R., dos Reis Martinez C.-B. et Sofia S.-H., "Is glyphosate toxic to bees? A meta-analytical review », *Science of The Total Environment*, 2021.

6. Wagner D.-L., "Insect Declines in the Anthropocene", Annual Review of Entomology, n° 65, 2020.

7. Scheffczyk, A. et *al.*, "Nontarget effects of ivermectin residues on earthworms and springtails dwelling beneath dung of treated cattle in four countries", *Environmental toxicology and chemistry*, 2016.

8. Wagner D.-L., "Insect Declines in the Anthropocene », *Annual Review of Entomology*, n° 65, 2020.

9. Møller A.-P., "Parallel declines in abundance of insects and insectivorous birds in Denmark over 22 years", *Ecology and Evolution*, n° 9, 2019.

10. Hallmann C.-A., Sorg M., Jongejans E., Siepel H., Hofland N., Schwan H., Stenmans W., Müller A., Sumser H., Hörren T., Goulson D. et de Kroon H., "More than 75 percent decline over 27 years in total flying insect biomass in protected areas", *PLoS ONE*, 12, 2017.

11. Seibold S., Gossner M.-M., Simons N.-K., Blüthgen N., Müller J., Ambarlı D., Ammer C., Bauhus J., Fischer M., Habel J.C., Linsenmair K.-E., Nauss T., Penone C., Prati D., Schall P., Schulze E.-D., Vogt J., Wöllauer S. et Weisser W.W., "Arthropod decline in grasslands and forests is associated with landscape-level drivers.", *Nature*, n° 574, 2019.

12. Jactel H., Imler J.-L., Lambrechts L., Failloux A.-B., Lebreton J.-D., Le Maho Y., Duplessy J.-C., Cossart P. et Grandcolas P., "Insect decline: immediate action is needed.", *Comptes Rendus Biologies*, n° 343, 2020.

13. Goulson, D., "An overview of the environmental risks posed by neonicotinoid insecticides.", *Journal of Applied Ecology*, 2013.

LA RECONQUÊTE DES ESTIVES

Estives sur le mont Aigoual, dans les Cévennes

Du double mouvement saisonnier des troupeaux d'ovins au voisinage de la Méditerranée, le premier, l'hivernage, a quasiment disparu faute d'espace. Le second, l'estivage, se modernise et se fait moins spartiate tout en conservant des caractéristiques séculaires de la transhumance : respect du comportement des animaux et de la croissance des plantes, solidarité entre bergers, empreinte déterminante sur les paysages. L'agropastoralisme constitue une pratique et une culture toujours vivaces et mérite toute sa place au patrimoine mondial de l'humanité.

Anne-Marie Brisebarre
Ethnologue, directrice de recherche émérite au CNRS

TRANSHUMER EN CÉVENNES

DEPUIS DES SIÈCLES, VOIRE DES MILLÉNAIRES, le pastoralisme[1], en particulier la transhumance ovine, est emblématique des régions méditerranéennes, au nord comme au sud : la période estivale, marquée par la chaleur et l'aridité, oblige les éleveurs à chercher des pâturages et de l'eau en altitude pour leurs troupeaux, tandis que le froid hivernal et la neige poussent les montagnards à gagner les plaines côtières où ils louent des parcours (prairies, jachères) aux agriculteurs[2]. Certains troupeaux effectuent les deux transhumances, dites pendulaires. Cependant l'estivage est aujourd'hui le mouvement le plus fréquent, l'urbanisation ayant grignoté de nombreux espaces accueillant autrefois des troupeaux pour l'hivernage.

La dépaissance des troupeaux conduits par des bergers a créé au fil des siècles des milieux ouverts (pelouses, landes, garrigues). Ces parcours à la flore diversifiée sont entretenus année après année par le retour saisonnier des transhumants, des races rustiques sélectionnées par les éleveurs et adaptées à la marche et à la vie en plein air, de jour comme de nuit.

Sur les pacages d'altitude, le berger établit son plan de pâturage en fonction du relief, de la croissance des plantes, du temps (pluie, vent), ainsi que de la superficie du parcours afin d'avoir de l'herbe pour la durée d'un séjour long de trois et quatre mois. Il doit aussi veiller à écarter les brebis des zones humides malsaines et de celles où poussent des plantes toxiques. Chaque jour, il fait manger d'abord les herbes les plus dures et les moins savoureuses (le « grossier ») et garde les meilleures (le « fin ») pour le soir[3], avant la rentrée du bétail au parc. Sa conduite du troupeau respecte le comportement des brebis : grâce aux bêtes meneuses et à ses chiens, il n'intervient qu'en cas de danger ou pour donner le « biais », c'est-à-dire indiquer au troupeau la direction dans laquelle il doit pâturer[4].

Mes premières observations de ce système transhumant – fondé sur une association entre des hommes, des troupeaux et des territoires de parcours – ont eu lieu dans les Cévennes, sur les derniers contreforts du Massif central, à partir de 1969 et se sont poursuivies durant une quarantaine d'années[5].

« Quand j'étais du côté d'Alès, on mettait la semaine entière, du lundi jusqu'au lundi, pour monter à Pelouse [en Margeride]. Les drailles [chemins de transhumance] étaient mieux entretenues qu'aujourd'hui. On était cinquante, soixante troupeaux, je ne sais plus.

À Pelouse, on n'avait pas de bergerie, mais on n'en connaissait pas davantage, alors on était bien. On faisait du bon travail là-haut. On nous faisait coucher dans les prés. Dans le temps, on tournait le parc en milieu de nuit, puis plus tard on ne le changeait plus. Le matin, c'était le propriétaire qui installait le parc et nous dans la nuit on le changeait. Il y avait quarante à cinquante claies : c'était encore vite fait de les déplacer.

Pour la fumature[6]*, on nous nourrissait. On était deux à chaque troupeau, on avait plus de quatre mille bêtes. On couchait dans une cabane sur roues : chaque trois jours le propriétaire venait avec les bœufs, il attelait la maison et on partait plus loin, à côté du parc.*

Les vieux qui étaient avec moi à Pelouse, il en a beaucoup disparu. Le patron, il était natif de là-haut, mais une fois qu'on n'a plus pu aller garder à Pelouse, il a abandonné, lui. Des moutons, j'en avais pas comme maintenant, mais enfin j'avais quand même dans les trois cents mères et on en prenait beaucoup d'autres [en pension pour l'estivage].

Après Pelouse, je suis allé à Brajon près de Lanuéjols [versant nord du mont Lozère]. On avait quinze-cents bêtes, on était deux. On faisait la fumature comme à Pelouse : on tournait pas la nuit mais c'était à nous de tourner le parc chaque matin, le propriétaire ne s'en occupait pas.

J'ai aussi gardé à Gourdouze [versant sud du mont Lozère]. Il fallait quatre jours pour monter là-haut. Gourdouze, c'était trop pénible pour garder, ça faisait trop de travail, il y avait que des cailloux. On était deux et on ne faisait plus la fumature. On laissait les bêtes là-haut dans le bois et on couchait dans une baraquette.

Après, j'ai été un an à Montdardier [sur le causse de Blandas]. On est monté en camion, mais ça ne m'a pas plu, c'était trop petit pour le troupeau.

L'année d'après, j'ai trouvé ici [Le Vilaret sur le causse Méjean], et voilà j'y suis toujours. Je cherchais d'avoir une bergerie.

Pour le temps qui me reste à faire, je crois que je finirai ici. Après moi, le troupeau il sera fini. Mon fils, il a ses occupations et le petit-fils, non, c'est pas élevé pour ça ! »

– Propos de YH, éleveur transhumant, recueillis au Vilaret en août 1977.

UNE TRADITION FAMILIALE

Il y a 50 ans, cette activité plurimillénaire[7] fondée sur la mobilité pastorale et sur l'entraide entre éleveurs – le troupeau transhumant rassemblant de nombreux petits troupeaux confiés pour l'estivage au maître-berger par ses voisins agropasteurs – connaissait peu de transformations. Si le nombre des élevages avait considérablement diminué, les brebis ensonnaillées continuaient à rythmer la vie des villages tant « en bas » (dans la garrigue et sur les contreforts méridionaux de la montagne) où elles vivaient d'octobre à mai, que sur les monts Aigoual et Lozère, et plus récemment sur les Causses, où elles passaient l'été.

Lors des nombreux séjours effectués tout au long du calendrier pastoral, j'ai observé cette communauté de bergers[8] et recueilli ses savoirs et pratiques, coutumes et croyances. Je me suis particulièrement intéressée aux relations domesticatoires entretenues avec le troupeau et les auxiliaires qui les aident dans leur travail, chiens et moutons meneurs.

On dit les bergers « taiseux », s'exprimant par des gestes plutôt que par des paroles. J'ai dû me faire accepter pour qu'ils répondent aux multiples questions suscitées par mes observations. Ce n'est qu'à partir de mon deuxième séjour dans la montagne cévenole que plusieurs responsables de troupeaux transhumants ont compris ma démarche et répondu à mes interrogations, devenant mes « informateurs privilégiés ».

YH fut l'un d'eux de 1969 jusqu'à sa retraite. Son parcours de maître-berger transhumant, résumé dans le témoignage ci-dessus, est représentatif de l'évolution de la mobilité pastorale et de la disponibilité des pâturages d'altitude au cours de la deuxième moitié du XXe siècle dans le sud du Massif central : raccourcissement du voyage de transhumance depuis la région d'hivernage jusqu'à l'estive ; arrêt de la « fumature » ; abandon des cabanes mobiles (cabane-cercueil munie de brancards ou cabane sur roues) et logement des bergers dans une cabane en dur ou une maison au sein d'un hameau…

Troupeau de YH sur le causse Méjean

En changeant d'estive, que ce changement soit volontaire ou contraint, en raison du reboisement des parcours en Margeride et sur le versant nord du Lozère, YH était surtout à la recherche de vastes pâturages, d'une herbe nourrissante pour ses brebis, mais aussi d'une bergerie pour les abriter en fin d'été, améliorant ainsi le confort de son troupeau. Il a trouvé son bonheur sur le causse Méjean en louant une exploitation jusqu'alors occupée par un élevage laitier sédentaire. Avoir une bergerie lui permettait de redescendre plus tard que les autres transhumants – il était fier d'être le dernier sur la draille –, donc d'économiser l'herbe des parcours d'en bas, morcelés par les champs, les vignes et l'urbanisation, où la garde du troupeau était plus difficile.

Dans cette partie méridionale du Massif central, les troupeaux en transhumance empruntent toujours les drailles millénaires pour gagner à pied leurs estives, en deux jours quand ils montent sur l'Aigoual, quatre ou cinq jours jusqu'au sud du mont Lozère. Les deux races ovines élevées, la «caussenarde des garrigues» et son rameau montagnard, la raïole, cherchent chaque jour leur nourriture sur divers parcours et sont donc adaptées à la marche.

Ce système d'élevage est encore le plus souvent une affaire familiale ; la plupart des entrepreneurs de transhumance, propriétaires de quelques centaines de brebis, ont succédé à leur père ou à leur oncle. Parmi ceux que j'ai connus au début de mes recherches, plusieurs à l'orée de leur retraite ont remis le troupeau à un de leurs enfants, celui qui était «né avec un mouton dans le ventre»[9], formule soulignant le goût de celui-ci pour les brebis. En estive, le renfort d'un ou deux bergers salariés est parfois nécessaire, en fonction du nombre de bêtes. Ce sont le plus souvent des bergers locaux : certains sont propriétaires de brebis qu'ils joignent au troupeau transhumant.

Caravane de berger sur l'estive du col de Salidès (mont Aigoual) avant la construction d'une « cabane en dur » subventionnée par le parc national des Cévennes en soutien à la transhumance ovine

DE LA CRAU AUX ALPES

Dans le sud-est de la France, les élevages transhumants sont plus divers qu'en Cévennes. Dans certaines vallées alpines comme le Valgaudemar et le Queyras, les petits troupeaux villageois sont rassemblés pour l'été en un troupeau commun qui, en quelques heures, gagne les pelouses situées au-dessus du village. Avant le retour des loups depuis l'Italie (1992), certains troupeaux n'étaient pas gardés mais surveillés aux jumelles depuis la vallée et visités régulièrement à tour de rôle par un des propriétaires. Aujourd'hui, la présence d'un berger et de chiens de défense, les patous, est devenue obligatoire pour lutter contre la prédation.

D'autres transhumants qui passent l'été sur les pâturages alpins viennent de Provence, autrefois à pied puis en train, maintenant en camion. Comme en Cévennes, certains troupeaux sont collectifs, gardés par l'un des éleveurs ou par un berger salarié ; d'autres appartiennent à un seul propriétaire comme ceux de la plaine de Crau[10], dans les Bouches-du-Rhône, qui peuvent atteindre 8 000 têtes.

Très ancien territoire pastoral[11], la Crau est le berceau de la race mérinos d'Arles : 120 000 brebis appartenant à 160 éleveurs y paissent sur 30 000 ha de prairies sèches, les *coussouls*. Sur les 12 000 ha de prairies irriguées, on récolte un foin réputé pour sa qualité : c'est le seul aliment pour animaux bénéficiant d'une Appellation d'origine contrôlée (AOC) depuis 1995 et d'une Appellation d'origine protégée (AOP) depuis 2015. Alors qu'au printemps les troupeaux se nourrissent des broussailles poussant sur les collines bordant la Crau à l'est, participant ainsi à la lutte contre les incendies, à la descente de transhumance en automne, les brebis prêtes à agneler pâturent le regain sur les prairies irriguées[12].

Sur les *coussouls* et en estive, les brebis de Crau ont depuis longtemps été gardées par des bergers descendus des villages montagnards ou venant du Piémont italien, appréciés pour leur connaissance des bêtes et des parcours[13]. Depuis une vingtaine d'années, de nouveaux bergers mais aussi des bergères s'embauchent pour s'occuper des troupeaux sur les alpages : ces jeunes urbains, souvent diplômés, ont fait le choix de ce mode de vie dans la nature, se formant dans un Centre de formation professionnelle pour adultes (CFPPA) comme l'école du Merle à Salon-de-Provence, spécialisée dans le pastoralisme transhumant.

CES VASTES PRAIRIES, SITUÉES AU DESSUS DE 2 000 M, SONT MISES EN DÉFENS AU PRINTEMPS POUR FAVORISER LA POUSSE **DE L'HERBE IRRIGUÉE PAR LA FONTE DES NEIGES HIVERNALES.**

AU MAROC, L'AGDAL PASTORAL

Dans les montagnes du nord comme du sud du bassin méditerranéen, par exemple dans les Alpes et dans le Moyen et le Haut Atlas marocains, les pelouses d'altitude sur lesquelles transhument les troupeaux sont souvent des terres collectives (communaux, sectionnaux, indivis, territoires tribaux) dont l'usage est règlementé et réservé à une communauté de pasteurs.

Ainsi, dans les montagnes marocaines, l'*agdal*[14] désigne à la fois le territoire pastoral d'altitude approprié par une tribu (ou une fraction de tribu), la ressource végétale spontanée favorisée par la dépaissance des troupeaux et le système collectif de gestion des parcours. Ces vastes prairies, situées au dessus de 2 000 m, sont mises en défens[15] au printemps pour favoriser la pousse de l'herbe irriguée par la fonte des neiges hivernales.

L'ouverture des estives aux transhumants, traditionnellement liée au patronage sur l'*agdal* d'un saint local, a lieu dans le courant du mois de juillet. À la date fixée, l'entrée sur les pâturages des familles et des troupeaux est ritualisée : un repas sacrificiel est partagé par tous les participants considérés comme des pèlerins[16].

Sur les parcours du Yagour, dans le Haut Atlas, plus de 50 000 animaux appartenant à près de 50 *douars* (villages) transhumaient il y a une dizaine d'années[17]. Alors que le règlement interdit de cultiver l'*agdal* pastoral, certains utilisateurs se sont approprié les parcelles les plus fertiles pour y développer des cultures, grignotant les parcours et compliquant la garde des troupeaux. D'autre part, sur le Yagour comme sur l'Oukaïmeden, autre *agdal* du Haut Atlas, l'élevage ovin n'est plus l'activité principale : hiver comme été, le tourisme de montagne est de plus en plus envahissant car plus rémunérateur. La beauté des paysages de l'Oukaïmeden a inspiré de grands projets qui réduiraient considérablement le territoire pastoral[18]...

Dans les Cévennes, troupeau de moutons sur une draille de l'Aigoual envahie de genêts

NOTES

1. « Le pastoralisme regroupe l'ensemble des activités d'élevage valorisant par un pâturage extensif les ressources fourragères spontanées des espaces naturels, pour assurer tout ou partie de l'alimentation des animaux » (site de l'Association française de pastoralisme http://www.pastoralisme.net/).

2. En Espagne, des troupeaux des provinces montagnardes de Cuenca et de Teruel continuent à rejoindre début novembre pour six mois, à pied ou en camion, les plaines côtières de la province de Valencia. Les brebis paissent sur des prairies communales mises aux enchères par les mairies des villages (Vidal González, « Berger transhumant = connecté ! » p. 21-34 *in* Brisebarre et *al.* (dir.), *Où pâturer ?...*, Cardère Éditeur, Avignon, 2018.

3. Voir l'article de Michel Meuret intitulé « Modèle MENU : le berger vu comme un chef cuisinier », p. 168-190, dans l'ouvrage qu'il a coordonné en 2010 et publié aux éditions Quæ, *Un savoir-faire de bergers*.

4. Au milieu des années 1980, André Leroy, berger néo-rural dans les Hautes-Alpes, a correspondu avec Jean-Pierre Deffontaines (INRA) à propos de sa pratique de l'alpage qu'il a décrite de façon précise et accompagnée de croquis (Landais et Deffontaines, 2020, en particulier « La conduite du troupeau au pâturage », p. 99-117).

5. Brisebarre, 1978.

6. En estive, « faire la fumature » consistait à placer le parc de nuit du troupeau sur les champs des cultivateurs locaux pour les enrichir par un apport de fumier ; l'engrais était ensuite enfoui lors d'un labour. En échange du fumier, les cultivateurs permettaient aux transhumants de paître sur les indivis, propriétés privées à usage collectif, mesurés en « nuits de fumature ». Sur le mont Lozère, la dernière fumature a eu lieu au cours de l'été 1965. Dans les archives, la première mention de « nuits de fumature » sur le Lozère date du XIIIe siècle (Brisebarre, 1992).

7. Les premières transhumances vers les hauts pâturages du sud du Massif central dateraient du réchauffement de la garrigue, il y a plus de 4 000 ans (Dugrand, 1964).

8. En Cévennes, le terme « berger » désigne aussi bien les éleveurs propriétaires d'un troupeau, quelle que soit sa taille, que les bergers salariés.

9. En occitan : *es nascut ambe un moton dins lo ventre.*

10. Ce nom vient du latin et désigne une terre caillouteuse. Les grands espaces de pâture de la Crau provençale sont recouverts de galets déposés autrefois par la Durance.

11. Selon Marc Vincent (2011), la Crau est pâturée depuis 5 000 ans. Certaines bergeries, dont les fondations sont encore visibles, datent de l'époque gallo-romaine (Dureau et Bonnefon, « Le gardiennage des brebis sur la steppe ventée de Crau », p. 125-141 *in* Meuret (coord.), 2010.

12. Lebaudy, 2016, p. 18-21.

13. Guillaume Lebaudy (2016) a mené des recherches sur la mobilité des bergers alpins depuis le XIXe siècle, époque où certains ont émigré jusqu'en Amérique pour exercer leur métier auprès de grands propriétaires.

14. Selon Laurent Auclair, le terme *agdal* désigne un pré, une prairie, le verbe *gdel* signifiant « faire paître le bétail dans une prairie» » (2012, « Introduction », p. 26).

15. La mise en défens des pâturages d'altitude prohibe l'entrée des troupeaux sur l'*agdal* (la racine berbère *gdl* veut dire « interdire, protéger »).

16. Mohamed Mahdi, « Transhumance et rituels », p. 138-145 *in* Brisebarre et *al.* (dir.), *Où pâturer ?...*, Cardère Éditeur, Avignon, 2018

17. Pablo Dominguez, « Une approche holistique de l'Agdal dans le Haut Atlas de Marrakech. Le poids de l'herbe et le poids de la culture », p. 297-326 in Auclair et Alifriqui (dir.) Agdal..., IRD, Publications de l'Institut Royal de la Culture Amazighe, 2012

18. Mahdi et Domínguez, 2009.

19. Timahdit est le berceau de la race ovine qui porte son nom, une des races marocaines les plus appréciées pour la qualité de sa viande.

20. Pendant des siècles, le nombre des ovins transhumants étant beaucoup plus important qu'aujourd'hui, le pastoralisme extensif était accusé de surpâturer les pelouses d'altitude. À la fin du XIXe siècle, une politique de reboisement des pâturages de montagne les plus pentus a été mise en place par l'État, privant les éleveurs d'importantes superficies de parcours.

21. Les pratiques pastorales des transhumants, « à la charnière entre conduite du troupeau et entretien de l'environnement », maintiennent des paysages ouverts nécessaires à la vie et à la reproduction de l'avifaune, en particulier des rapaces. Ainsi, les parcs nationaux des Cévennes et des Pyrénées mènent depuis une quarantaine d'années des actions de conservation et de suivi des populations de vautours qui rendent un service important aux éleveurs en pratiquant un « équarrissage naturel » (Bousson, 2016, p. 69).

22. Bousson, op. cit., p. 70.

23. Guillaumin Anne, Dockès Anne-Charlotte et Perrot Christophe, 1999, « Des éleveurs partenaires de l'aménagement du territoire : des fonctions multiples pour une demande sociale à construire », *Le Courrier de l'environnement de l'Inra*, n° 38, p. 8.

24. Les éleveurs signent avec l'État des contrats d'alpages (Legeard, 2004).

25. Cuisenier, 1989, p. 244.

26. Voisenat, 1995, p. 103.

27. Brisebarre, 2014.

28. <http://whc.unesco.org/fr/list/1153//>

29. J'ai participé pendant huit ans au Conseil scientifique de l'organisme de gestion de cette inscription, l'Association de Valorisation de l'Espace Causses et Cévennes (AVECC).

30. <http://www.cevennes-parcnational.fr/Un-territoire-vivant/Les-activites-economiques/L-agriculture-et-le-pastoralisme/La-politique-agricole-du-Parc-national>

31. <https://www.races-montagnes.com/fr/projet-pci-unesco/transhumance.php>

32. Donnadieu, 2008, p. 51.

À LIRE

· Auclair Laurent et Alifriqui Mohamed (dir.), 2012, *Agdal. Patrimoine socio-écologique de l'Atlas marocain,* Rabat, IRCAM & Marseille, IRD, Publications de l'Institut Royal de la Culture Amazighe, Série : Colloques et séminaires n° 29.

· Boussou Véronique, 2016, « L'agroécologie dans la gestion des espaces protégés. Cas des parcs nationaux de montagne métropolitains », *in* M. Jouvin (dir.), *L'Agroécologie, du nouveau pour le pastoralisme ?, Pastum* hors série, Association française de pastoralisme, Cardère éditeur, p. 67-71.

· Brisebarre Anne-Marie, 1978, *Bergers des Cévennes. Histoire et ethnographie du monde pastoral et de la transhumance en Cévennes*, Paris, éditions Berger-Levrault, coll. « Espace des hommes ».

· Brisebarre Anne-Marie, 1992, « Pratiche pastorali collettive in Lozere : proprieta indivise e notti di concimazione », *Quaderni storici*, numéro spécial *Risorse collettive*, nuova serie 81, anno XXVII, fasc.3, p. 873-884.

· Brisebarre Anne-Marie, 2014, « Cévennes : des paysages agro-pastoraux inscrits au Patrimoine de l'Humanité (UNESCO) », *in* P. Vidal González (éd.), *Landscape Anthropology in European Protected Areas,* Universidad católica de Valencia / University of Stavanger (Norvège), Reports from the University of Stavanger n° 44, p. 59-74.

· Brisebarre Anne-Marie, Guillaume Lebaudy et Pablo Vidal González (dir.), 2018, *Où pâturer ? Le pastoralisme entre crises et adaptations,* Avignon, Cardère éditeur, coll. « Hors les drailles ».

· Cuisenier Jean, 1989, « À l'ombre des Carpates », *Ethnologie française*, numéro spécial *Crise du paysage,* 19 (3), p. 244-252.

· Donadieu Pierre, 2008. « Patrimonialiser les paysages de l'agro-pastoralisme méditerranéen : nécessité de mémoire ou outil de mutations économiques ? », *in* J.-P. Chassany (éd.), *Les Paysages culturels de l'agro-pastoralisme méditerranéen*, s.l., UNESCO, p. 51-60.

· Dugrand Raymond, 1964, *La Garrigue montpelliéraine : essai d'explication d'un paysage,* Paris, Presses universitaires de France.

· Eychenne Corinne, 2011, « Estives et alpages : une ressource complexe à réinventer », *in* J.-M. Antoine et J. Milian (dir.), *La Ressource montagne, entre potentialités et contraintes*, Paris, L'Harmattan, p. 141-161.

· Landais Etienne et Jean-Pierre Deffontaines, 2020, *André Leroy, Berger d'alpage*, Avignon, Cardère éditeur, coll. « Hors les drailles ».

· Lebaudy Guillaume, 2016, *Les Métamorphoses du bon berger. Mobilités, mutations et fabrique de la culture pastorale du sud de la France*, Avignon, Cardère éditeur, coll. « Hors les drailles ».

· Legeard Jean-Pierre, 2004, « Pastoralisme et contractualisation agrienvironnementale. L'expérience des opérations conduites en Provence-Alpes-Côte d'Azur », *Fourrages*, n° 179, p. 383-392.

· Mahdi Mohamed et Pablo Domínguez, 2009, « Regard anthropologique sur transhumance et modernité au Maroc », *Ager, Revista de Estudios sobre Despoblación y Desarollo Rural*, n° 8, p. 45-73.

· Meuret Michel (coord.), 2010, *Un savoir-faire de bergers*, Dijon, Éducagri éditions et Versailles, Quæ.

· Vincent Marc, 2011, *Les Alpages à l'épreuve des loups. Pratiques de bergers entre agri-environnement et prédateur protégé*, Paris, Éditions de la Maison des sciences de l'homme et Versailles, Éditions Quae, coll. « Natures sociales ».

· Voisenat Claudine (dir.), 1995, *Paysage au pluriel : pour une approche ethnologique des paysages*, Paris, Éditions de la Maison des Sciences de l'Homme, coll. « Ethnologie de la France », cahier 9.

Paysage de bocage,
péninsule Nord du Cotentin,
Nord de la France

LE DÉSIR D'HERBE EST BIEN VIVANT

ENTRETIEN *avec* ALAIN CORBIN

Pour le grand historien du sensible, auteur de la récente Fraîcheur de l'herbe, prés et prairies sont toujours fleuris et colorés comme l'enfance, odorants comme l'herbe fraîche et le foin coupé, amènes comme dans l'Antiquité, précieux comme au Moyen Âge, animés et joyeux lors des anciens fauchages, crissant et bourdonnant de tout leur peuple animal, évocateurs de musique légère, de poésie précise, de grands espaces lointains et de délicats sentiments amoureux.

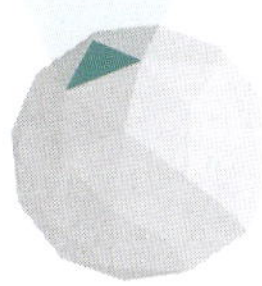

Alain Corbin
Historien

RELIEFS

À quand remontent vos premiers souvenirs liés à l'herbe, aux prés et aux prairies ?

ALAIN CORBIN

C'est très simple, je suis né et j'ai grandi dans un « lieu d'herbes », comme dirait Yves Bonnefoy, c'est-à-dire qu'il n'y avait que cela. C'est un bourg qui existe toujours, Lonlay-l'Abbaye dans le Domfrontais, au sud-ouest de l'Orne et des collines de Normandie. On y trouve du bocage partout. Des petits prés, de l'herbe et des vaches, et des chevaux de temps en temps pour les déplacements. Mes premiers souvenirs sont donc des souvenirs d'herbe, et mes premières sorties se font dans l'herbe, plus précisément dans l'herbe des prés. J'aimais, quand j'avais des sandales, me mettre pieds nus, pour sentir son contact. Je connaissais les prés derrière la maison, ceux qui entouraient la commune (on disait « le bourg »). Ils étaient liés au personnage qui en était propriétaire, on disait « les près de Maillard » par exemple, derrière le jardin. Ces prés étaient différents de ceux d'aujourd'hui, ils étaient assez souvent fleuris, surtout au printemps évidemment : jonquilles, pâquerettes, boutons d'or... Ils étaient multicolores, et cela a bien changé. Ce qui a changé aussi, c'est qu'il n'y a plus beaucoup de gens, et d'enfants en particulier, aussi près de l'herbe et des prés. Quand on les emmène à la campagne, ils vont dans des fermes modèles... Évidemment, il y a encore des prés, mais moins qu'avant, et ils ne sont plus aussi consubstantiels, si je puis dire.

R. ***Votre bourg est situé dans le sud du Cotentin ?***

A. C. Dans une sorte de trou. Les bénédictins y avaient bâti une abbaye dont il reste un bon morceau, d'où Lonlay-L'Abbaye. On y trouve une grande biscuiterie aujourd'hui. J'y suis allé assez récemment, rien n'a vraiment changé, sauf du point de vue de la religion. Tout le monde croyait, c'était général, aujourd'hui, c'est fini.

R. ***C'est un paysage de bocage essentiellement ?***

A. C. Oui, le plus dense de France : on le voit s'étaler au pied du château ancien et médiéval de Domfront, chef-lieu du canton. Quand les agents du remembrement sont venus pour prendre des mesures, les paysans se sont alignés sur près d'un kilomètre avec des fusils ! Il n'y a pas eu de remembrement.

R. ***Combien de temps y êtes-vous resté ?***

A. C. Jusqu'à mes 23 ans. J'ai passé l'agrégation à l'université de Caen, mais je revenais presque tous les week-ends et je préparais mes dissertations dans l'herbe. Quand je suis allé en Grèce pour la première fois, je suis resté cinq semaines à Corfou, et quand je suis revenu et que j'ai vu le vert de l'herbe, j'ai eu un choc. C'est quand même un peu desséché la Méditerranée, une sorte d'antithèse de la verdure !

R. ***Et les arbres ?***

A. C. Je ne suis pas un homme de la forêt, elle me fait peur, je n'y suis pas à l'aise.

R. ***Pourtant, vous avez écrit un livre sur les arbres...***

A. C. Mais là, on parle d'arbre champêtre ! Un arbre isolé au milieu d'un pré, ou dans la haie.... Aujourd'hui, on a un peu coupé, mais on replante. C'est un arbre un peu particulier, qui va avec la haie et l'herbe, avec le pré. Le pré a été définitivement défini par Francis Ponge, qui a passé les quatre dernières années de sa vie à écrire *La Fabrique du pré* (1971).

Et puis, il y avait ce qui allait avec les prés, les pommiers à cidre. Mon village était une des capitales de l'eau-de-vie, de la « goutte » comme on disait. L'herbe va avec le pommier. Et aussi avec la rivière. Notre maison était au bord d'une rivière, les prés aussi, si bien que, durant l'enfance, je passais mon temps dans le pré à pêcher des écrevisses.

R. ***Comment avez-vous vécu le rythme des saisons, la fauche, les meules de foin ?***

A. C. Cela n'avait rien des grandes prairies que montrent les peintres du XIXe siècle ! On fauchait essentiellement à la main, mais il y avait déjà des faucheuses mécaniques, tirées par des chevaux. Le seul bruit qu'on entendait dans la campagne, c'était celui des ordres aux chevaux, « Avance ! », « Recule ! ». En période de fenaison, comme il n'y avait pas de très grandes prairies, les meules étaient rares. Selon Madame de Sévigné, « faner est la plus jolie chose du monde, c'est retourner du foin en batifolant dans une prairie ». Donc on batifolait, si l'on peut dire, puis on mettait le tout dans la grange. Et la grange, c'était pour les paysans, et même pour moi, un lieu de séduction avec les filles (*rires*). Dans un autre registre, Gustave Roud décrit ainsi la fauche : « Toute une prairie de fleurs mûres à tes genoux déferle, ô faucheur fauve et fin ; tu les tranches, elles tombent en tumulte, la sombre sauge, la marguerite et les corolles sans nom que jadis j'ai tant aimées, ce bleu de source et d'orage, la couleur même de ton regard. »

R. ***C'est ce qui vous a amené à écrire* La Fraîcheur de l'herbe. *Mais il y a aussi la couleur…***

A. C. Oui, le pré, c'est d'abord une couleur. Avec mon frère, on se battait parce qu'il aimait mieux le bleu et que j'aimais mieux le vert. J'ai toujours été pour le vert, celui de la prairie, du pré !

R. ***Y a-t-il d'autres couleurs ?***

A. C. Yves Bonnefoy, dans *Le Lieu d'herbes* (2010), s'est penché au plus près sur le rapport avec l'herbe et ses couleurs. Henry David Thoreau, déjà, soulignait ces jeux de lumière : « Les herbes semblaient parsemées d'innombrables joyaux qui tintaient gaiement quand le pied du voyageur les frôlait et réfléchissaient toutes les couleurs de l'arc-en-ciel tandis qu'il se déplaçait de part et d'autre. »

R. ***Vous remontez même jusqu'à l'Antiquité…***

A. C. Oui, je fais référence au *locus amoenus* de Virgile, le « lieu amène », un lieu imaginaire où Tityre et les autres pâtres s'allongent dans l'herbe. Cela a été repris au XXe siècle par Valéry, qui a écrit une sorte de contrepoint des *Bucoliques*.

R. ***L'odeur de l'herbe aussi ?***

A. C. L'odeur obsédante du foin coupé revient dans plusieurs livres. George Sand, dans *Histoire de ma vie* (1855), associe le parfum du liseron en fleur à des souvenirs d'enfance : « Et par un lien de souvenirs et de sensations que tout le monde connaît, sans pouvoir l'expliquer, je ne respire jamais des fleurs de liseron-vrille sans voir l'endroit des montagnes espagnoles et le bord du chemin où j'en cueillis pour la première fois. » Nicolas Delesalle, dans *Un parfum d'herbe coupée* (2013), cherche à retrouver l'origine d'une odeur entêtante qui le poursuit et se révèle être celle du foin : « Cette senteur qui se respire mieux qu'elle ne se raconte, ce plaisir, cette évidence, ce parfum d'herbe coupée. » Invoquant une mémoire plus ancestrale encore, Julien Gracq, dans ses *Carnets du grand chemin* (1992) décrit l'« odeur de foin coupé qui enivre et semble faire chavirer en nous une mémoire très ancienne : comme si l'homme se souvenait encore, par-delà le long sevrage de l'espèce, d'un temps où elle broyait à même la terre la *verte écume native* ».

Tityre et Mélibée, école française, 1469

R. ***Les fleurs des prairies rappellent l'enfance aussi ?***

A. C. Beaucoup d'auteurs les rattachent en effet à des souvenirs de jeunesse. Dans un recueil de nouvelles, *Les Vrilles de la vigne* (1908), Colette associe le printemps à la réminiscence : « Le vert de l'herbe neuve […] porte à tes narines le parfum invariable de ces violettes changeantes et regarde, en respirant, le philtre qui abolit les années, regarde comme moi ressusciter et grandir devant toi les printemps de ton enfance. »

R. ***Et les habitants des prairies ?***

A. C. Les insectes d'abord, selon John Keats, qui célèbre le langage de la sauterelle, les « grillons des haies », le « chœur plaintif des moucherons », le murmure des mouches. La prairie abrite ainsi un véritable « peuple des prés » pour reprendre les mots de René Char. Et Lamartine, dans son poème « L'Infini dans les cieux » (1830), relie cet univers minuscule au sentiment de l'infini : « Bourdonnez sous votre herbe, insectes éphémères ; / Rendons gloire là-haut, et dans nos profondeurs, / Vous par votre néant, et vous par vos grandeurs. »

R. ***Quelles différences entre les prés et les prairies, selon vous ?***

A. C. Au Moyen Âge, les prés étaient plus précieux que les autres parties du territoire. Autour du bourg, ils représentaient ce qu'on avait de plus riche. Les biens communaux l'étaient beaucoup moins, les prairies aussi d'ailleurs. Car le pré se fabrique : il y a le bocage, la haie, les petits ruisseaux, et une herbe que l'on soigne particulièrement. Et on fauche plusieurs fois, grâce à ce qu'on appelle le regain, qui est aussi le titre d'un roman de Giono. On coupe le foin et il repousse en septembre. Il n'y avait pas de prairies à Lonlay-L'Abbaye, c'était vraiment le bocage. Les prairies sont plus vastes, avec une herbe plus haute, moins soignée, peut-être un foin moins précieux pour les bêtes. Elles donnent lieu à de grandes actions agricoles, les fauchaisons, avec le foin qu'on rentre dans des granges sur des charrettes remplies à ras bord. Dans l'esprit des gens cultivés, il y avait aussi la grande prairie américaine ! Les romans de Fenimore Cooper ont joué un rôle majeur : quand j'étais gosse, on les lisait encore, je ne sais pas si c'est le cas aujourd'hui. En 1827, dans *La Prairie*, dernier roman de sa saga Histoires de Bas-de-Cuir, il en fait un véritable personnage, dans toute la « majesté de [sa] solitude complète ». Et il offre aux lecteurs une description grandiose des Grandes Plaines, ces « déserts sans bornes ».

R. ***C'est l'imaginaire de* La Prairie...**

A. C. Mais avant l'arrivée des pionniers, quand régnaient les bisons. C'est là que s'est formée une sorte de matrice des transcendantalistes américains, et surtout de l'écologie ! Aldo Leopold défend cette *Prairie* sur le déclin : elle disparaît progressivement avec la naissance de petites forêts sur son territoire. Et il célèbre les « funérailles de la flore indigène » lorsqu'il trouve, dans un cimetière du Wisconsin, un minuscule plant de silphium, qui recouvrait autrefois une grande partie du territoire.

IL Y A UNE FASCINATION DU BRIN D'HERBE, PAR HOMOLOGIE AVEC L'HOMME, SANS DOUTE.

R. ***La prairie prend aussi de l'altitude...***

A. C. La prairie de montagne et l'herbe rase de montagne ! Il y a les étagements, les tourbières, la forêt, puis on arrive dans la prairie pour les transhumances, une donnée essentielle dans les Cévennes. Il m'est arrivé de traverser dans les deux sens le Massif central à pied, c'est-à-dire 1 000 km à peu près.

R. ***Vous mentionnez George Eliot et* Le Moulin sur la Floss *?***

A. C. Oui, George Eliot a eu une grande influence sur la littérature française, sur Marcel Proust en particulier. Le choc mémoriel de la petite madeleine est emprunté à

L'Égrenne entre Lonlay-l'Abbaye et Beauchêne, après la confluence du ruisseau de Froidebise (Normandie, France)

ce qu'elle décrit comme son « lieu de haies ». Je pense aussi au grand peintre des prés, John Cowper Powys et ses *Enchantements de Glastonbury* (1932).

R. ***Les herbes peuvent aussi être hautes, « mauvaises » ou encore folles.***

A. C. Ah, les hautes herbes : Hubert Voignier a écrit en 2004 un essai poétique excellent qui porte ce titre. Et puis, les mauvaises herbes : dès la fin du XVIIIe siècle, des poètes anglais ont dit : « Non, il n'y a pas de mauvaises herbes ! » Il y a un rapport entre elles et les hommes. Elles sont la métaphore des mauvais enfants, des voyous. Dans les jardins, les bons enfants apprenaient à sarcler, c'est-à-dire à enlever les mauvaises herbes. Thoreau, encore lui, célèbre la violette, « pauvre et grêle », et Hugo l'ortie, « maudit[e], chétiv[e] ». Mais la mauvaise herbe est pour Deleuze et Guattari celle qui a la vie la plus sage.

R. ***Une vie de brin d'herbe…***

A. C. Oui. Victor Hugo l'évoque souvent. Le brin d'herbe et l'étoile reviennent régulièrement dans *Les Contemplations* (1856) : « Dormez ! dormez, brins d'herbe, et dormez, infinis ! » Walt Whitman, son quasi contemporain, a aussi écrit qu'« une feuille d'herbe vaut le labeur des étoiles ». Enfin, souvenons-nous de la fameuse formule de Flaubert, « on peut mettre un immense amour dans l'histoire d'un brin d'herbe »… Il y a une fascination du brin d'herbe, par homologie avec l'homme, sans doute. L'herbe est aussi liée à l'eau, au ruisseau, à la rivière, « c'est un jet d'eau redressée », dit Francis Ponge. Comme l'écrivait Elisée Reclus dans *Histoire d'un ruisseau* (1869) : « Les racines entremêlées du gazon retiennent la couche supérieure de l'abîme. C'était notre grande joie, à nous tous, gamins du village, de courir adroitement le long de cette bordure tremblante, de la faire s'écrouler d'un coup de pied par énormes fragments et de nous enfuir assez tôt pour ne pas être entraînés dans sa chute. » Giono, dans *Le Chant du monde* (1934) évoque aussi cette relation : « Le ruissellement des eaux dansait, fouillait sous toutes les herbes. » En 1999, dans *Femmes dans l'herbe*, Françoise Renaud a célébré le gloussement du ruisseau, « si clair qu'on jurerait que c'est la terre qui chante ».

R. ***Et si l'herbe était une musique ?***

A. C. Arthur Rimbaud évoque « le clavecin des prés » dans « Soir historique » (*Les Illuminations*, 1872-1875), bien sûr ! L'herbe est musicale, oui, ne serait-ce que par son rapport avec le vent. Les hautes herbes agitées par le vent, cela fait partie du paysage, cela chante le vent.

R. ***L'herbe et le sentiment amoureux ?***

A. C. Magnifié par Zola dans *La Faute de l'abbé Mouret* (1875), à mon avis le plus intéressant de ses livres. Il décrit le plaisir de la prairie, juste avant la grande scène érotique du roman : devant Albine et Serge, « des poussières dansantes mettaient aux pointes des gazons un flux de clartés, tandis qu'à certains souffles de vent, passant librement sur cette solitude nue, les herbes se moiraient d'un tressaillement de plantes caressées ».

R. ***Et Aphrodite qui sort de l'eau…***

A. C. … et marche dans l'herbe. On la peint toujours qui sort de l'eau, mais on oublie qu'elle marche dans l'herbe ensuite. Et l'herbe pousse même autour de ses pieds !

R. ***Pour en revenir aux bocages de votre enfance, ils ont connu une forte transformation, pour dire le moins…***

A. C. Oui, mais il y a désormais un mouvement de reconstitution du bocage, par exemple dans le Boischaut, une région du Berry. Actuellement, on plante des centaines de kilomètres de haies par an, ce n'est pas de l'herbe directement, mais cela va permettre de la retrouver.

R. ***Que pensez-vous de cette mutation des paysages telle que vous l'avez vécue ?***

A. C. Je regrette que les enfants n'aient pas eu le même type de contact avec l'herbe. Je crois que c'est fichu maintenant, non ? Enfin, peut-être pas, compte tenu du mouvement écologique. Certes, on remet de l'herbe un peu partout, sur les bords d'autoroute, on songe à végétaliser les toits… Comme je le dis en conclusion de mon livre, « il n'entre pas dans mon propos de prédire le destin de l'herbe ». Je me contente d'aider à maintenir vivant « le désir d'herbe ».

DES BISONS DANS LA PRAIRIE

EXTRAIT — DE QUÉBEC À VICTORIA

Adolphe-Basile Routhier

IL ÉTAIT JADIS LE ROI DE CE PAYS, comme le lion est encore le roi du désert africain. Mais un jour l'homme est venu, d'Europe ou d'Asie, et lui a déclaré la guerre, une guerre d'extermination qui a duré des siècles.

Tout d'abord, cet homme n'était armé que de flèches et de haches, et le buffle échappait souvent à ces armes.

Mais d'autres hommes vinrent, plus méchants que les premiers, et portant des armes terribles qui frappaient de loin et aussi rapidement que la foudre.

Le buffle n'avait pas de bois pour se cacher, mais il avait l'espace illimité pour s'enfuir, et il fuyait pendant des jours et des nuits, des semaines et des mois, sans se heurter à la frontière de son immense domaine.

Avec lui couraient dans la prairie des troupeaux de chevaux sauvages; l'homme s'empara des coursiers, et monté sur leur dos, il se mit à la poursuite du buffle, d'abord pour s'en nourrir, puis pour l'écorcher et vendre sa peau aux trafiquants de fourrures.

Ce fut la condamnation à mort du malheureux quadrupède, et l'exécution de la sentence ne fut plus qu'une question de temps. C'est alors que l'on vit d'effroyables hécatombes.

Pauvre race détruite, ses ossements blanchissent aujourd'hui la prairie, et partout, à chaque pas, ses têtes colossales dominant les foins jaunis semblent, par leur blancheur immaculée, protester de son innocence.

Mais, tout squelette qu'il est, le buffle n'a pas cessé d'être utile à l'homme. On ramasse aujourd'hui ses ossements et on les broie pour en faire un engrais. À chaque station du chemin de fer il y en a des monceaux énormes, et plusieurs chars en sont remplis, et expédiés dans toutes les directions.

D'après ce que j'en ai vu, je suis convaincu que si l'on entassait en un seul endroit, non pas tous les ossements, mais les crânes seulement qui jonchent les prairies on en ferait une montagne plus haute que le cap Tourmente !

Hélas ! le sort du buffle est celui de toutes les races et de toutes les choses humaines. Le pays qui voit naître et grandir un peuple le voit aussi décliner et mourir, et tous les berceaux deviennent des tombeaux.

Dieu seul règne éternellement, et regarde passer du haut de son trône immuable les races comme les individus, les siècles aussi bien que les jours. Cette histoire du buffle mérite d'être racontée, et elle est intimement liée à celle des tribus sauvages de l'Ouest.

Ces pauvres nomades des prairies avaient pour cet animal une sorte de vénération. Il était un élément essentiel de leur prospérité, et même de leur existence. C'était un don, un bien inappréciable qu'ils avaient reçu du Grand-Esprit, et plusieurs gardaient soigneusement dans leurs tentes un crâne de buffle comme un emblème ou un symbole de leur bonheur. Ils s'affublaient même de son nom, et il n'est pas rare encore de rencontrer chez les Pieds-Noirs des chefs qui se nomment *Stamik-Otokân*, tête de buffle – ou *Stamik-Opi*, bœuf-assis – ou *Newokiske-Stamik*, les trois bœufs.

Aujourd'hui, l'extinction du buffle est pour eux la suprême désolation, le sujet de leurs éternels regrets.

Le spectacle de la civilisation, de ses agrandissements, de toutes ses merveilles, ne les console aucunement, et quand ils rêvent des jours meilleurs ils n'entrevoient un avenir prospère que sous cette forme : la renaissance des buffles.

Pour eux le paradis terrestre c'est la Prairie, mais la Prairie sauvage et peuplée de bisons. Et le ciel même qu'ils se figurent dans leurs espérances d'outre-tombe, c'est encore la Prairie, sillonnée par d'immenses troupeaux de l'incomparable quadrupède. ^

DE L'EAU VERTE

EXTRAIT — LA FAUTE DE L'ABBÉ MOURET

Émile Zola

Ils venaient d'entrer dans les prairies. À l'infini, devant eux, se déroulaient de larges pans d'herbes, à peine coupés de loin en loin par le feuillage tendre d'un rideau de saules. Les pans d'herbes se duvetaient, pareils à des pièces de velours ; ils étaient d'un gros vert peu à peu pâli dans les lointains, se noyant de jaune vif, au bord de l'horizon, sous l'incendie du soleil. Les bouquets de saules, tout là-bas, semblaient d'or pur, au milieu du grand frisson de la lumière. Des poussières dansantes mettaient aux pointes des gazons un flux de clartés, tandis qu'à certains souffles de vent, passant librement sur cette solitude nue, les herbes se moiraient d'un tressaillement de plantes caressées. Et, le long des prés les plus voisins, des foules de petites pâquerettes blanches, en tas, à la débandade, par groupes, ainsi qu'une population grouillant sur le pavé pour quelque fête publique, peuplaient de leur joie répandue le noir des pelouses. Des boutons d'or avaient une gaieté de grelots de cuivre poli, que l'effleurement d'une aile de mouche allait faire tinter ; de grands coquelicots isolés éclataient avec des pétards rouges, s'en allaient plus loin, en bandes, étaler des mares réjouissantes comme des fonds de cuvier encore pourpres de vin ; de grands bleuets balançaient leurs légers bonnets de paysanne ruchés de bleu, menaçant de s'envoler par dessus les moulins à chaque souffle. Puis c'étaient des tapis de houques laineuses, de flouves odorantes, de lotiers velus, des nappes de fétuques, de crételles, d'agrostis, de pâturins. Le sainfoin dressait ses longs cheveux grêles, le trèfle découpait ses feuilles nettes, le plantain brandissait des forêts de lances, la luzerne faisait des couches molles, des édredons de satin vert d'eau broché de fleurs violâtres. Cela, à droite, à gauche, en face, partout, roulant sur le sol plat, arrondissant la surface moussue d'une mer stagnante, dormant sous le ciel qui paraissait plus vaste. Dans l'immensité des herbes, par endroits, les herbes étaient limpidement bleues, comme si elles avaient réfléchi le bleu du ciel.

Cependant, Albine et Serge marchaient au milieu des prairies, ayant de la verdure jusqu'aux genoux. Il leur semblait avancer dans une eau fraîche qui leur battait les mollets. Ils se trouvaient par instants au travers de véritables courants, avec des ruissellements de hautes tiges penchées dont ils entendaient la fuite rapide entre leurs jambes. Puis, des lacs calmes sommeillaient, des bassins de gazons courts, où ils trempaient à peine plus haut que les chevilles. Ils jouaient en marchant ainsi, non plus à tout casser, comme dans le verger, mais à s'attarder, au contraire, les pieds liés par les doigts souples des plantes goûtant là une pureté, une caresse de ruisseau, qui calmait en eux la brutalité du premier âge. Albine s'écarta, alla se mettre au fond d'une herbe géante qui lui arrivait au menton. Elle ne passait que la tête. Elle se tint un instant bien tranquille, appelant Serge.

— Viens donc ! On est comme dans un bain. On a de l'eau verte partout.

Puis, elle s'échappa d'un saut, sans même l'attendre, et ils suivirent la première rivière qui leur barra la route. C'était une eau plate, peu profonde, coulant entre deux rives de cresson sauvage. Elle s'en allait ainsi mollement, avec des détours ralentis, si propre, si nette, qu'elle reflétait comme une glace le moindre jonc de ses bords. Albine et Serge durent, pendant longtemps, en descendre le courant, qui marchait moins vite qu'eux, avant de trouver un arbre dont l'ombre se baignât dans ce flot de paresse. Aussi loin que portaient leurs regards, ils voyaient l'eau nue, sur le lit des herbes, étirer ses membres purs, s'endormir en plein soleil du sommeil souple, à demi dénoué, d'une couleuvre bleuâtre. Enfin, ils arrivèrent à un bouquet de trois saules ; deux avaient les pieds dans l'eau, l'autre était planté un peu en arrière ; troncs foudroyés, émiettés par l'âge, que couronnaient des chevelures blondes d'enfant. L'ombre était si claire, qu'elle rayait à peine de légères hachures la rive ensoleillée. Cependant, l'eau si unie en amont et en aval, avait là un court frisson, un trouble de sa peau limpide, qui témoignait de sa surprise à sentir ce bout de voile traîner sur elle. Entre les trois saules, un coin de pré descendait par une pente insensible, mettant des coquelicots jusque dans les fentes des vieux troncs crevés. On eût dit une tente de verdure, plantée sur trois piquets, au bord de l'eau, dans le désert roulant des herbes. ^

DES VAGUES DE FEU

EXTRAIT — L'AIGLE NOIR DES DACOTAHS

Gustave Aimard,
Jules Berlioz d'Auriac

Waltermyer reprit la tête de la colonne, mais il paraissait inquiet, avançait avec précaution, se baissant fréquemment sur la selle, et jetant des regards investigateurs par dessus la mer onduleuse des feuillages verts. Enfin, sous l'impression d'une pensée soudaine, il s'arrêta et réunit ses compagnons autour de lui.

— Quoi de nouveau ? lui demanda un des plus impatients de la bande ; nous ne marchons donc plus, et nous ne sortirons donc jamais de ces bourbiers maudits, où il n'y a ni air, ni sentier ? J'en ai assez des trous, des serpents et des moucherons.

— Êtes-vous préparé à la mort ? lui demanda solennellement Waltermyer, dont l'honnête visage avait perdu sa gaieté habituelle, pour prendre une expression anxieuse.

— Mourir ! quelle question ? Est-ce qu'on est prêt à cela ?

— Cependant la mort nous environne ; entendez-vous ce bruit ?

— Oui, il court dans les broussailles lointaines derrière nous. Peut-être c'est un des chevaux que nous avons abandonnés.

— Un cheval ne galope pas si vite ; un daim lui-même ne pourrait pas.

— Qu'est-ce donc ?

— Levez-vous sur vos étriers et regardez.

— Je vois un grand nuage de poussière épaisse comme si cent buffles passaient à grande vitesse, la soulevant dans les airs.

— Les buffles et les daims courent peut-être en ce moment ; mais ils ne suivent pas ce chemin-là.

— Eh bien ! Waltermyer, interrompit Miles Morse, dites-nous ce que c'est.

— De la fumée.

— De la fumée ? je ne vous comprends pas.

— Oui ! de la fumée et du feu ! vous en serez convaincus dans un instant.

Tous montèrent debout sur leurs selles et jetèrent des regards éperdus sur la plaine. Partout, en arrière, dans l'horizon immense, tourbillonnaient d'épaisses colonnes de fumée jaunâtre, déchirées çà et là par d'immenses langues de feu.

— Le feu est dans la prairie, reprit Waltermyer, nous sommes cernés par l'incendie.

— Juste ciel ! est-ce vrai ?

— Aussi vrai que le ciel dont vous parlez.

— Alors nous sommes perdus.

— Mille autres ont passé par cette épreuve et n'y ont pas laissé leurs os. Mille et deux mille y ont péri.

— Eh courons ! fuyons ! poussons les chevaux pour gagner un terrain découvert.

— Autant vaudrait entreprendre d'aller dans la lune. Vos chevaux paraîtront marcher comme des escargots devant le vol de l'incendie. Mon brave Black lui-même, qui vaut dix de ses pareils, ne pourrait s'échapper.

— Enfin ! nous faut-il donc mourir ici comme des renards dans leur trou ?... d'une horrible mort que nous attendrons lâchement, sans faire un pas pour l'éviter ?

— Elle gagne ! elle avance comme une trombe, la flamme ! cria le vieux Morse avec désespoir. Oh ! ma fille ! ma pauvre fille !!

— Partons donc ! hurlèrent ses compagnons ; la fuite ou la mort !

— Sans doute ! dit une voix irritée, mourons au moins en hommes, au galop ! à quoi rêve donc ce Waltermyer immobile ?

— Je rêve... ? fit le guide avec explosion ; oui ! j'admire que des hommes comme vous connaissent si peu la grande prairie.

— Eh bien ! restez à votre aise ; moi ne voulant pas brûler ici, je pars.

— Halte ! s'écria Waltermyer, en posant une main vigoureuse sur les rênes du cheval.

L'animal effaré se cabra, rua et souffla bruyamment ; la fumée venait d'arriver en larges bouffées sur le groupe tremblant. Hommes et chevaux se serrèrent instinctivement et baissèrent leurs têtes sous le souffle des terribles précurseurs de l'incendie.

— Que faites-vous ? demanda aigrement le fugitif ; êtes-vous fou ?

— Non, c'est vous qui êtes insensé... ! vous voulez faire la leçon à un vieux trappeur comme Waltermyer. Écoutez-moi bien : je sais, comme vous, que le feu arrive sur nous ; et pourtant je reste ici. Le premier qui voudra se sauver n'ira pas loin, car je lui enverrai une balle dans le crâne.

— Mais au nom du ciel ! Waltermyer, pourquoi s'acharner à rester ici quand nous pourrions fuir ? demanda Morse.

— Pour qui me prenez-vous, étranger ; pour un scélérat ou un fou ?

— Non, sans doute.

— Ah ! ce n'est pas malheureux ! eh bien ! obéissez-moi, liez vos chevaux les uns aux autres, tête contre tête, serrez vos nœuds de manière à ce qu'ils ne puissent les rompre, car lorsque les flammes nous environneront aucune puissance humaine ne sera capable de les retenir.

On se hâta de lui obéir sans répliquer.

— Maintenant, ne liez-vous pas le vôtre ? lui demandèrent ses compagnons lorsque leur opération fut achevée.

— Non pas ! ce n'est pas un de vos chevaux citadins, stupides et indociles ; d'ailleurs ce n'est pas la première fois qu'il se trouve à pareille fête ; il connaît son affaire mieux que vous.

Tout en parlant il toucha légèrement les rênes, et appuya sa main sur le garrot du noble animal : celui-ci aussitôt ploya promptement ses jambes fines et nerveuses, et se coucha par terre avec un empressement joyeux. Après avoir suivi des yeux les mouvements de son cheval, avec un orgueil que comprendra tout vrai cavalier, il se dépouilla de son manteau, et lui en couvrit la tête de manière à l'abriter complètement de la flamme et de la fumée.

— Maintenant, mes amis, s'écria-t-il en se tournant vivement vers ses compagnons, à l'œuvre, il n'est que temps ! fauchez, coupez, arrachez le gazon et les broussailles tout autour de nous, de manière à former une grande place circulaire entièrement nue : en avant serpes, haches, couteaux, et soyez prompts si vous voulez conserver votre vie.

Joignant l'exemple aux paroles, il se mit à l'ouvrage et abattit des monceaux d'herbes qu'il rejeta en rond le plus possible.

Mais leurs préparatifs avaient commencé trop tard, l'incendie arriva sur eux avant qu'ils eussent rasé le gazon sur un espace assez grand ; des dards de flammes, des bouffées épaisses de fumée vinrent les frapper au visage. Encore quelques instants et ils étaient asphyxiés.

Waltermyer, d'un coup d'œil rapide, jugea la position, et s'aperçut que sur un point le feu était moins violent.

— Tête baissée ! hurla-t-il en se dépouillant de sa veste en toile, poussez droit dans le feu ! et passez au travers !

En même temps, suivi de tous ses compagnons, il se lança résolument dans l'incendie, au rebours de sa course, et franchit la ligne de feu qui heureusement sur ce point n'avait pas une grande épaisseur.

Quelques bonds désespérés les portèrent sur le terrain brûlé et exempt de flammes ; le fléau dévorant continua son vol embrasé, et il était loin déjà lorsqu'ils se retournèrent pour courir à leurs chevaux. Les pauvres bêtes haletantes et terrifiées respiraient à peine ; bientôt l'air vif et pur les ranima.

— Nous l'avons échappé belle, dit Waltermyer tâtant ses cheveux et sa barbe brûlés, et caressant le poil roussi de son cheval ; et à présent, amis, comme l'incendie de la prairie ne se voit pas tous les jours, regardez bien ce spectacle, vous vous en souviendrez longtemps.

En effet, c'était un spectacle saisissant : partout, sur une ligne immense roulaient furieusement des vagues de feu, rouges et grondantes, envoyant au ciel des reflets sanglants, demi-noyés dans des tourbillons de fumée. Sous le fléau implacable, les arbres, les feuillages, les hautes herbes disparaissaient comme une goutte de cire dans une cuve pleine de métal en fusion. Et pendant que l'œil s'effrayait à suivre l'élément destructeur dans sa marche irrésistible, l'oreille entendait partout comme un tonnerre à voix basse, composé de crépitements sourds, de sifflements, de murmures incompréhensibles. Dans toutes les directions, couraient affolés de terreur, des buffles, des panthères, des antilopes, et mille animaux de races différentes, dont la plupart tombaient foudroyés, dévorés par les flammes. La terre elle-même présentait un aspect sinistre et désolé ; partout où avait passé l'ouragan embrasé, le sol noirâtre, crevassé et fumant, semblait bouleversé par quelque convulsion volcanique. ^

PRAIRIES : ESPÈCES EN DANGER

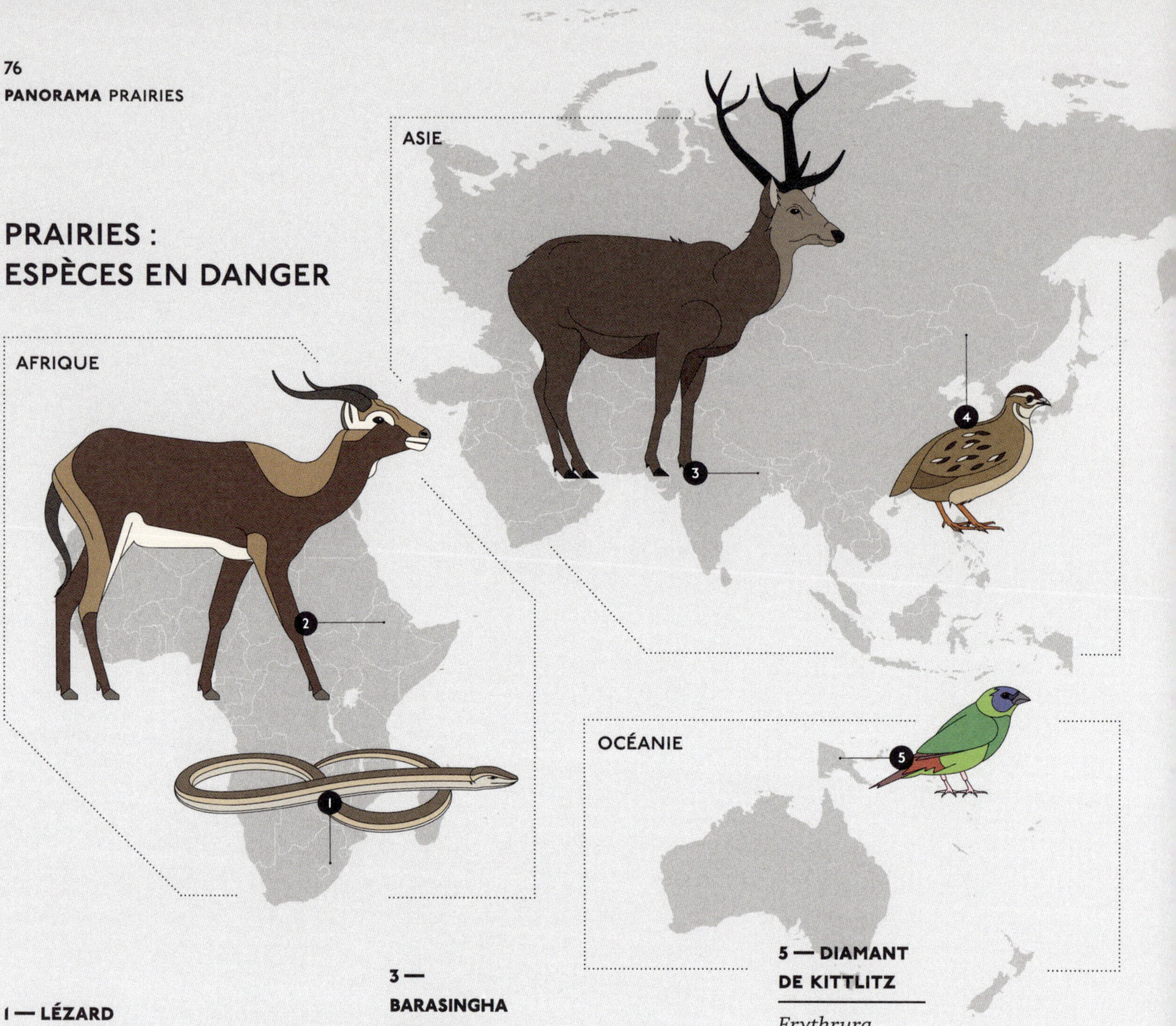

1 — LÉZARD DES HERBES

Chamaesaura macrolepis

50 cm

prairie, savane

Afrique du Sud, Zimbabwe

destruction de son habitat (cultures, plantations, constructions)

population
NC ↓

statut IUCN
Préoccupation mineure

remarque
ovovivipare : les œufs, portés par la mère sans relation nutritive, peuvent éventuellement éclore en elle

2 — COBE DE MRS GRAY

Kobus megaceros

1 m au garrot

marais, prairie sèche ou inondée, roselière

marais du Nil blanc (sud Soudan), sud-ouest de l'Éthiopie

guerre civile, braconnage

population
15 000 ↓

statut IUCN
en danger

remarque
ses sabots lui permettent d'évoluer dans l'eau comme sur terre

3 — BARASINGHA OU CERF DE DUVAUCEL

Rucervus duvaucelii

1,2 m au garrot

plaine inondable, prairie, savane, forêt

nord du Népal, sud de l'Inde

mise en culture des plaines inondables, braconnage

population
4 000 ↓

statut IUCN
vulnérable

remarque
aussi appelé cerf des marais, son nom rend hommage à un naturaliste français

4 — CAILLE DU JAPON

Coturnix japonica

15 cm

prairie, steppe, clairière

Japon, Russie, Chine, Corée, Mongolie, Birmanie, Vietnam, Cambodge

intensification des pratiques agricoles, chasse

population
NC ↓

statut IUCN
quasi menacé

remarque
très chassée au Japon dans les années 1930

5 — DIAMANT DE KITTLITZ

Erythrura trichroa

11 à 14 cm

forêt, prairie, maquis, pâturage

Australie, Indonésie, îles du Pacifique (Vanuatu, Célèbes, Moluques, Nouvelle-Guinée, l'Archipel Bismarck, les îles Palau, Salomon, Carolyn)

changement climatique, stress de l'écosystème

population
13 000

statut IUCN
préoccupation mineure

remarque
possède une dizaine de sous-espèces

6 — STURNELLE DES PAMPAS

Leistes defilippii

21 cm

prairie

Uruguay, Argentine

urbanisation, agriculture

population
5 000 ↓

statut IUCN
vulnérable

remarque
très semblable à la sturnelle australe, ne vit que dans la pampa d'Amérique du Sud

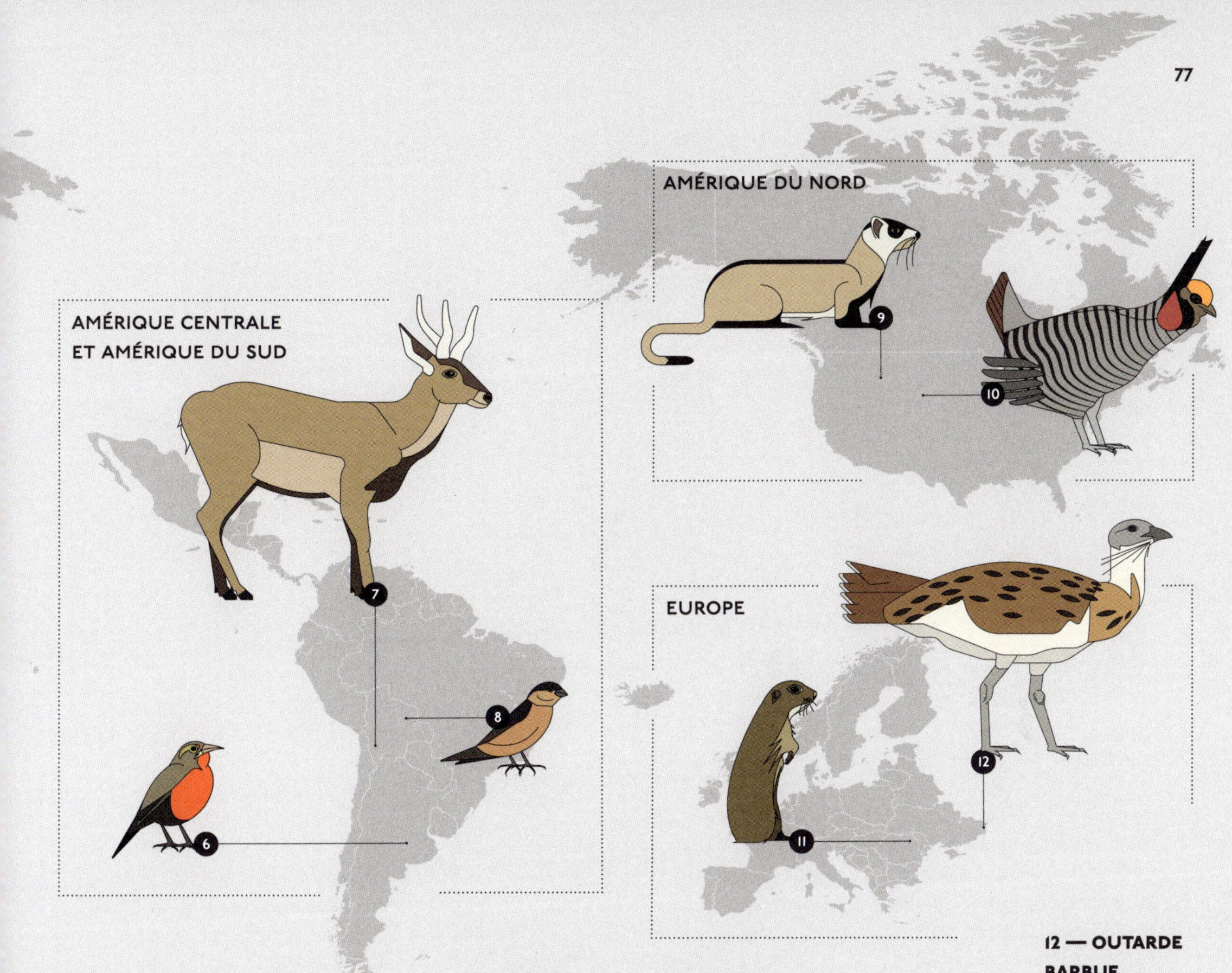

7 — TARUCA

Hippocamelus antisensis

73 cm au garrot

prairie, plateau montagneux, arbustaie

Argentine, Bolivie, Chili, Pérou

destruction de l'habitat, chasse illégale

population

5 000 ↓

statut IUCN
vulnérable

remarque
vit sur les plateaux andins de 2 500 à 5 000 m d'altitude

8 — SPOROPHILE NOIR ET ROUX

Sporophila nigrorufa

10 cm

prairie, arbustaie

Bolivie, Brésil

agriculture

population

1 150 ↓

statut IUCN
vulnérable

remarque
apprécie le cerrado, grande étendue de savane présente majoritairement au Brésil

9 — PUTOIS À PIEDS NOIRS

Mustela nigripes

40 cm

prairie, arbustaie

Grandes Plaines des États-Unis

persécution de leur principale ressource alimentaire, les chiens de prairie, qui menaçaient les cultures

population

350 ↓

statut IUCN
en danger

remarque
se nourrit quasi exclusivement de chiens de prairie, dont il vole même les terriers en période de reproduction

10 — TÉTRAS PÂLE

Tympanuchus pallidicinctus

41 cm

maquis, prairie, terrain agricole

Kansas, Colorado, Oklahoma, Texas, Nouveau-Mexique

pâturage, herbicides, sécheresses dues au réchauffement climatique

population

31 500 ↓

statut IUCN
vulnérable

remarque
lors de sa parade au printemps, le mâle dévoile des sacs à air rouge-orange de chaque côté du cou

11 — SOUSLIK D'EUROPE

Spermophilus citellus

20 cm

prairie

Europe centrale et du sud-est

développement d'infrastructures, changement climatique, pollution

population

NC ↓

statut IUCN
en danger

remarque
vit en colonies avec des guetteurs qui sifflent en cas de danger

12 — OUTARDE BARBUE OU GRANDE OUTARDE

Otis tarda

75 à 105 cm

prairie, steppe, champ

steppes eurasiennes (depuis le Maroc jusqu'à la Chine en passant par la Russie et la Mongolie)

agriculture intensive, chasse au fusil

population

47 350 ↓

statut IUCN
en danger critique

remarque
plus lourd oiseau volant du monde, doté du plus grand dimorphisme sexuel (les mâles pèsent 2,5 fois que les femelles)

FLEURS DE PRAIRIES

SALSIFIS DES PRÉS

Tragopogon pratensis, appelé aussi barbe-de-bouc, est une plante bisannuelle à tige pivotante qui n'ouvre ses feuilles que le matin, d'où son nom anglais de *Jack-go-to-bed-at-noon*. Commun en Europe et dans l'est de l'Amérique du Nord, le salsifis est riche en glucides, minéraux et vitamines, et ses jeunes feuilles, boutons floraux et jeunes racines se dégustent en salades.

TRÈFLE DES PRÉS

Trifolium pratense a d'autres noms courants (trèfle violet, rouge, pourpre, rose, d'Espagne) mais c'est celui, peu flatteur, d'« herbe à vaches » qui lui convient le mieux. Originaire d'Eurasie et d'Afrique du Nord, cette herbacée vivace aux fleurs mellifères et aux (3 ou 4) célèbres folioles protéinées est cultivée depuis longtemps pour ses vertus fourragères.

ACHILLÉE MILLEFEUILLES

Achillea millefolium, qu'on a retrouvée dans une tombe néandertalienne en Irak, est réputée pour ses vertus cicatrisantes, dont aurait profité Achille selon Pline. Cette vivace robuste répandue dans tout l'hémisphère nord en a bien d'autres, liées à sa centaine de composés chimiques : anti-inflammatoire, antalgique, diurétique… Et ses sommités fleuries parfument les flans.

FENOUIL DES ALPES

Meum athamanticum est un cousin du cerfeuil et du fenouil, dont il a l'odeur pénétrante. Ses feuilles donnent du goût au saint-nectaire ou au beaufort et aromatisent les omelettes. Originaire des montagnes d'Europe, de la Scandinavie à l'Italie, l'herbacée vivace parfume aussi le bœuf « fin gras du Mézenc » et sa racine produit un alcool bavarois.

SAINFOIN

Onobrychis viciifolia, très appréciée des ânes, comme l'indique son nom grec, est une herbacée riche en tanins condensés et très digeste pour le bétail, d'où son nom français. Originaire d'Europe et d'Asie occidentale, cette antique plante fourragère aux fleurs roses, résistante au froid et au sec, se passe d'engrais et fait le grand bonheur des abeilles.

ÉCHINACÉE POURPRE

Echinacea purpurea projette sa superbe inflorescence d'« oursin » (*Echinoidea*) dans les bois et les prairies de l'est des États-Unis et du Canada. Utilisée par les Amérindiens pour guérir plaies et morsures et apaiser fièvres et toux, elle est reconnue aujourd'hui en prise préventive comme un bon stimulant des défenses immunitaires, en cas de rhume par exemple.

BLEUET DES CHAMPS

Centaurea cyanus a quasiment disparu des champs de blé pesticidés d'Europe pour ne réapparaître que dans les fermes bio, les bords de chemin et les jardins « de curés ». Son bleu ravissant a inspiré faïences et porcelaines, son hydrolat apaisant sert de collyre (d'où son autre nom de « casse-lunettes ») et ses fleurs comestibles parfument thés et gâteaux.

CUMIN DES PRÉS

Carum carvi, proche du fenouil, de l'anis et de l'aneth, était consommé dans l'Égypte ancienne il y a 3 500 ans. Spontané en France, il est répandu en Afrique du Nord, en Europe et dans toute l'Asie. Sous le nom de carvi ou de cumin (un genre pourtant différent), ses graines parfument munster, choucroute, goulash, harissa, aquavit, gin et schnapps.

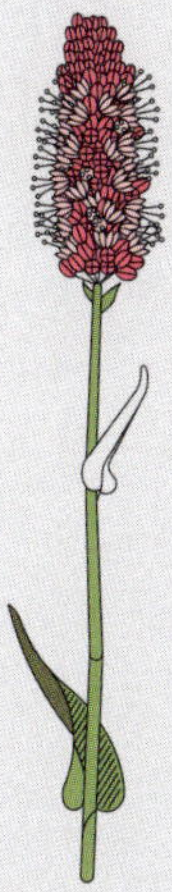

RENOUÉE BISTORTE

Bistorta officinalis, dont les épis de petites fleurs roses se dressent du nord de l'Europe jusqu'à l'Asie, est protégée dans plusieurs régions françaises et considérée depuis Charlemagne comme plante médicinale (on lui reconnaît aujourd'hui des vertus anti-inflammatoires). Elle est aussi cuite sous la braise en Russie et en Sibérie et macérée dans du vin en France.

SAUGE DES PRÉS

Salvia pratensis est la cousine septentrionale de *Salvia officinalis*, la sauge méditerranéenne. Dans les prairies calcaires ou les endroits humides, elle est admirée de l'Europe à l'Asie occidentale pour ses fleurs bleu-violet et ses feuilles en rosette, dont les infusions sont réputées digestives et antispasmodiques. Il fut un temps où des asthmatiques la fumaient.

KNAUTIE DES CHAMPS

Knautia arvensis, vivace au port touffu, arbore une « superfleur » de plusieurs dizaines de fleurons lilas. Originaire d'Europe, d'Asie de l'Ouest et d'Afrique du Nord, elle pousse dans les prairies et les bords de rivières. Ses feuilles apportent une amertume aux soupes, sauces et salades. Elle régale aussi la chenille de *Nemophora metallica*.

COQUELICOT

Papaver rhoeas a pris en français le nom du coq, et en anglais (*poppy*), allemand (*klatschmohn*), italien (*papavero*), espagnol (*amabol*) celui du pavot, son cousin narcotique. Cet éclatant messicole (« qui habite dans les moissons ») s'efface en Europe du fait des herbicides, mais on l'infuse encore contre la nervosité, la toux et l'insomnie.

PRAIRIES SUR TERRE

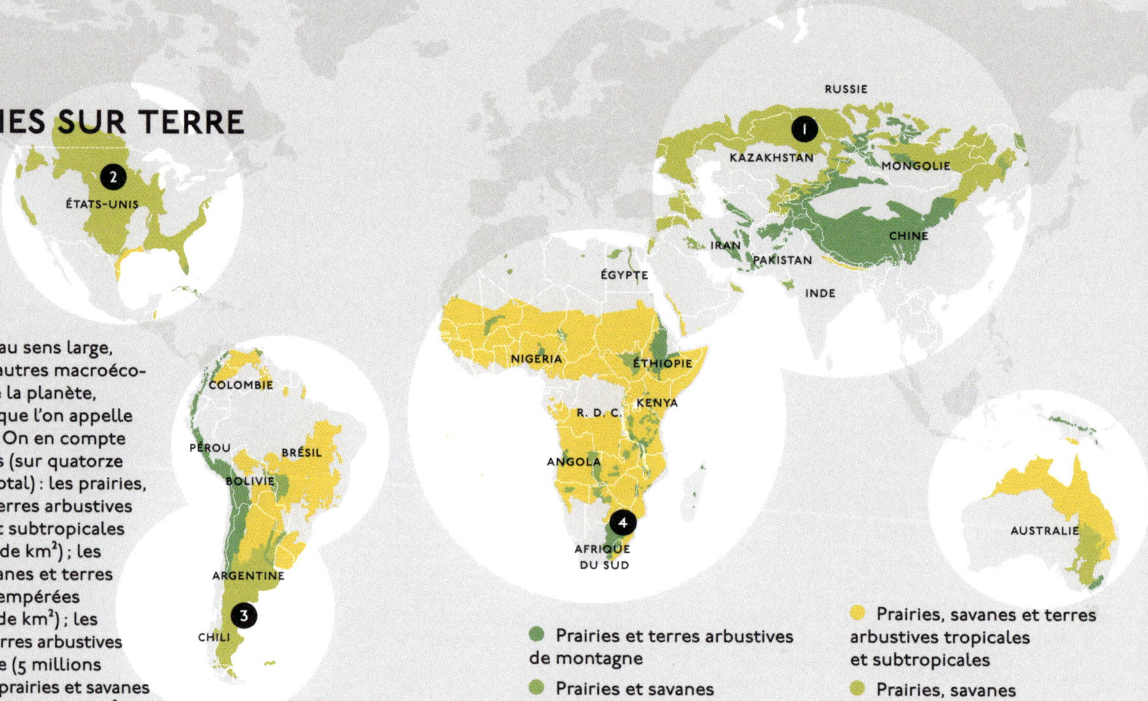

Les prairies au sens large, comme les autres macroécosystèmes de la planète, forment ce que l'on appelle des biomes. On en compte quatre types (sur quatorze biomes au total) : les prairies, savanes et terres arbustives tropicales et subtropicales (20 millions de km^2) ; les prairies, savanes et terres arbustives tempérées (10 millions de km^2) ; les prairies et terres arbustives de montagne (5 millions de km^2) ; les prairies et savanes inondées (1 million de km^2).

- Prairies et terres arbustives de montagne
- Prairies et savanes inondées
- Prairies, savanes et terres arbustives tropicales et subtropicales
- Prairies, savanes et terres arbustives tempérées

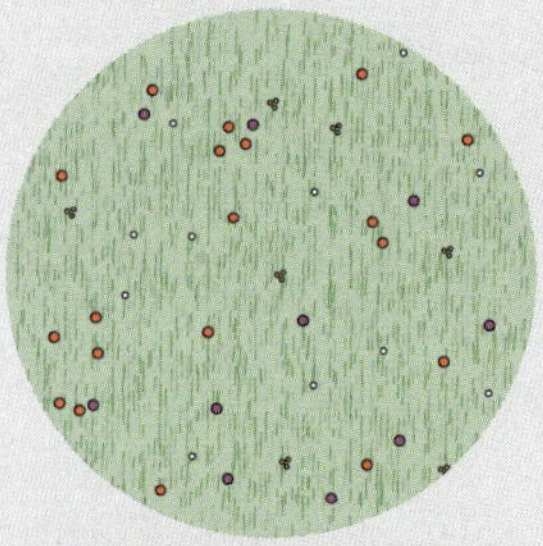

1 — STEPPES EURASIATIQUES

Depuis le delta du Danube jusqu'à la Mongolie, puis jusqu'au nord de la Chine, cette large bande presque continue offre d'immenses étendues entièrement dépourvues d'arbres, hormis dans les vallées alluviales. Elle doit cela à l'action des feux de broussaille en période estivale et à la masse de mangeurs d'herbe qui l'habitent et la parcourent : rongeurs, ruminants et chevaux. Si oiseaux et insectes y tiennent encore une place de choix, les grands herbivores sauvages et leurs prédateurs ont disparu ou survivent dans quelques réserves ou zones protégées. Dans les « greniers à blé » d'Ukraine, de Russie et de Chine du Nord, la steppe a été mise en culture intensive dans les « ceintures du tchernoziom », épaisse terre noire (tchernaïa zemlia) riche en humus, potasse, phosphore et oligo-éléments.

2 — GRANDES PLAINES

Du Saskatchewan au nord jusqu'au Texas au sud, la Prairie « des herbes hautes » (Tallgrass Prairie) partage l'Amérique du Nord par le milieu, et plus de 99 % de sa surface originelle est aujourd'hui cultivée : c'est la Corn Belt du Midwest, l'une des régions céréalières les plus riches au monde. En 1803, la vente par la France de la Louisiane, qui couvrait l'essentiel des Grandes plaines, a ouvert à l'expansion vers l'Ouest l'ancien territoire des bisons et des Indiens des Plaines (Crows, Sioux, Cheyennes, Arapahos, Comanches…). Aujourd'hui, la Prairie aux sols profonds et fertiles (mollisols) ne subsiste plus guère que dans les zones impropres à la culture, et seules deux réserves naturelles, dans l'Oklahoma (158 km^2) et le Kansas (44 km^2), voient des bisons réintroduits mâcher placidement de hautes herbes.

3 — PAMPAS

Même si elle s'étend sur l'Uruguay et le Rio Grande do Sul au Brésil, la pampa (« plaine » en quechua) a un pays, l'Argentine, dont elle occupe le nord-est. « Humide » ou « sèche », elle bénéficie d'une pluviosité généralement uniforme sur ses 750 000 km^2, au plus grand bénéfice de « l'herbe des pampas » (*Cortaderia selloana*), grande graminée prolifique. Au sud et à l'est de Buenos Aires, la région productrice de maïs et de blé a basculé depuis les années 1970 dans une exploitation massive du soja (aujourd'hui OGM), qui occupe 12 millions d'ha et fournit 20 % de la production mondiale. L'élevage extensif en prairie (4e producteur mondial de bœuf) fait le reste : nandous, loups à crinière et capybaras s'effacent des pampas, quinze espèces de rongeurs et vingt d'oiseaux y sont en danger d'extinction.

4 — VELD

Le veld (« champ » en afrikaans, prononcé [fɛlt]), qu'il soit haut (Highveld, un plateau à 1 500 m très cultivé dans la région de Johannesburg) ou bas (Lowveld, les plaines côtières de l'océan Indien), couvre le nord-est de l'Afrique du Sud et une partie du Lesotho, du Zimbabwe et du Botswana. L'herbe reine est le barbon hérissé (*Hyparrhenia hirta*), que pâturent encore blesboks (*Damaliscus pygargus phillipsi*) et springboks (*Antidorcas marsupialis*), mais où les quaggas (*Equus quagga*) ont été exterminés par les Boers au XIXe siècle. Le veld est l'une des plus anciennes régions occupées par des hominidés ancêtres de l'homme : *Australopithecus* l'habitait il y a 3 millions d'années. Les San (Bushmen), installés il y a 40 000 ans, en ont été chassés par des peuples bantous, puis par les Boers.

PRAIRIES SOUS-MARINES

Les prairies sous-marines, joliment appelées herbiers de mer, s'étalent des tropiques au cercle arctique sur plus de 250 000 km², couvrant d'immenses surfaces d'un seul tenant (la taille de la Suisse entre les Seychelles et l'île Maurice) et atteignant des âges très avancés (80 000 ans entre Formentera et Ibiza). Suffisamment exposées à la lumière pour déclencher la photosynthèse, elles sont essentiellement côtières et créent leur propre habitat : les feuilles ralentissent le courant, absorbent du gaz carbonique et produisent du dioxygène, les racines et rhizomes stabilisent le substrat. Des centaines d'espèces « herbivores » (poissons, oursins, crabes, tortues, lamantins…) se nourrissent des plantes à fleur appartenant à une cinquantaine d'espèces, dont la zostère marine et les posidonies, abondantes dans l'Atlantique ou la Méditerranée et désormais protégées en Europe. Car ces « ingénieurs d'écosystème » sont de plus en plus menacés : le Programme des Nations unies pour l'environnement calcule que, toutes les trente minutes, un terrain de football d'herbes marines est perdu en raison de l'activité humaine.

1 – Énergie lumineuse
2 – Dioxyde de carbone
3 – Nutriments
4 – Hydrates de carbone
5 – Oxygène
6 – Rhizome
7 – Racines
8 – Chloroplastes (capteurs de lumière)

À LIRE

- Virgile, Les Bucoliques, Folio, [-37], 1997
- James Fenimore Cooper, La Prairie, Le Serpent à Plumes, [1827], 2002
- Washington Irving, Dans les prairies du Far West, Viviane Hamy, [1832], 1991
- Domingo Faustino Sarmiento, Facundo, L'Herne, [1845], 1990
- Francis Parkman, La Piste de l'Oregon, Payot, [1849], 1993
- Eduardo Gutiérrez, Juan Moreira, 1879
- Émile Zola, La Terre, Le Livre de Poche, [1887], 2006
- William Henry Hudson, Au loin, jadis, La Table Ronde, [1918], 2015
- Juan Rulfo, Le Llano en flammes, Folio, [1953], 2003
- Anton Tchekhov, La Steppe, Le Livre de Poche, [1888], 1995
- William Morris, La Plaine étincelante, Aux forges de Vulcain, [1891], 2017
- Hamlin Garland, Boy Life on the Prairie, 1899
- Raymond Dumay, L'Herbe pousse dans la prairie, Gallimard, 1941
- Morris et René Goscinny, Lucky Luke, Des rails sur la prairie, Dupuy, 1957
- Karen Blixen, Ombres sur la prairie, Folio, [1960], 1995
- Jim Harrison, Plain Song, W. W. Norton, 1965
- John Haines, The Stars, the Snow, the Fire: Twenty-five Years in the Northern Wilderness, Graywolf Press, 1989
- Nancy Huston, Cantique des plaines, J'ai lu, [1993], 2004
- Richard Manning, Grassland. The History, Biology, Politics and Promise of the American Prairie, Penguin Random House, 1997
- Dan O' Brien, Brendan Prairie, 10/18, 1999
- Olivier Razac, Histoire politique du barbelé : la prairie, la tranchée, le camp, La Fabrique, 2000
- James Galvin, Prairie, Albin Michel, 2001
- Karla Kuban, Haute Plaine, 10/18, 2002
- Marie-Monique Robin, Les Moissons du futur, La Découverte, 2012
- Frédéric Boyer, Dans ma prairie, POL, 2014
- Ian Frazier, Grandes plaines, Hoëbeke, 2018

À VOIR

- Une idylle aux champs, Charles Chaplin, 1919
- Le Fils de la prairie, King Baggot, 1925
- The Plow that Broke the Plains, Pare Lorentz, 1936
- Symphonie paysanne, Henri Storck, 1944
- Le Maître de la prairie, Elia Kazan, 1947
- La Grande Prairie, James Algar, 1954
- La Petite Maison dans la prairie, Michael Landon, 1974-1983
- Akenfield, Peter Hall, 1974
- Les Moissons du ciel, Terrence Malick, 1978
- Jean de Florette, Claude Berri, 1986
- The Field, Jim Sheridan, 1990
- Urga, Nikita Mikhalkov, 1991
- Holy Field Holy War, Lech Kowalski, 2013
- Rêverie dans la prairie, Esteban Arrangoiz Julien, 2017
- Histoires de la plaine, Christine Seghezzi, 2017
- Sol del llano, Manuela Irene, 2019
- Balloon, Pema Tseden, 2019

À ÉCOUTER

- Ludwig van Beethoven, Symphonie pastorale, 1808
- Claude Debussy, The Little Shepherd, 1908
- Gustav Mahler, Le Chant de la Terre, 1911
- Igor Stravinsky, Le Sacre du printemps, 1913
- Gabriel Fauré, Le Jardin clos, 1914
- Germaine Tailleferre, Pastorale inca, 1931
- Duke Pearson, Prairie Dog, 1966
- Tom Petty, Southern Accents, 1985
- Eléni Karaindrou, The Weeping Meadow, 2004
- Neil Young, Prairie Wind, 2005
- Joni Mitchell, Songs of a Prairie Girl, 2005
- Juan Vicente Torrealba, Concierto en la llanura, 2005
- Sufjan Stevens, Illinois, 2005
- Meadow, Blissful Ignorance, 2009
- Ernest Dawkins, The Prairie Prophet, 2011
- Kikagaku Moyo/幾何学模様, House in the Tall Grass, 2016
- Colter Wall, Song of the Plains, 2018
- Theo Lawrence, Prairie Fire, 2019

LYREN

Jochen Lempert

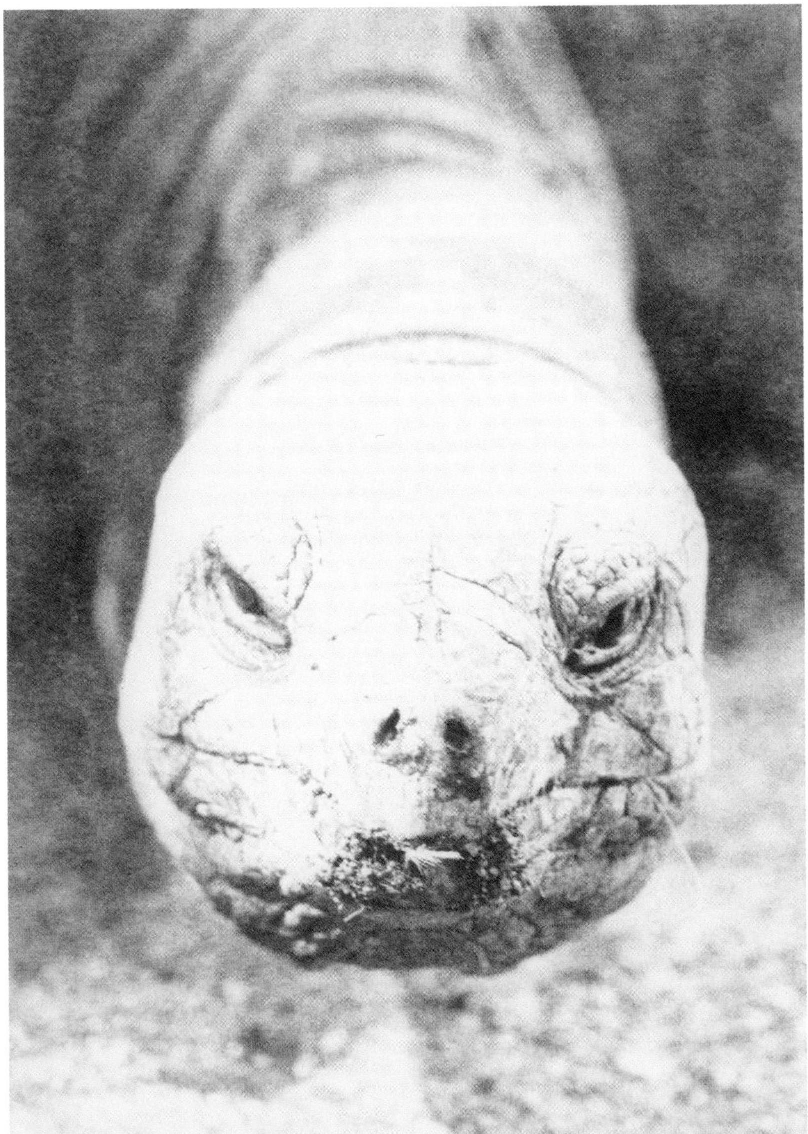

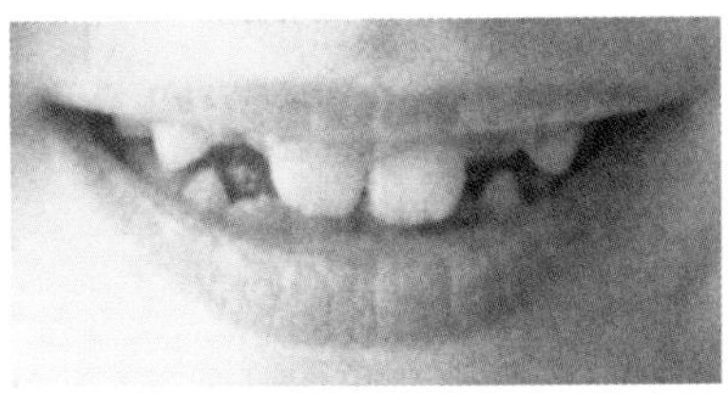

A POEM ON GRAVITY, with the butterfly *Vanessa cardui* drinking water after a long flight over the Mediterranean and ending with leaves moved by the wind blowing along the Rhone valley. ^

Jochen Lempert

Illustration
de Ben Lamare

JOËLLE
ZASK

Pour la philosophe pragmatiste, introductrice et traductrice du grand John Dewey, penser la démocratie participative dans un monde inéluctablement urbanisé exige de redonner son sens et son efficacité à l'opinion publique, de privilégier l'enquête dans tous les domaines, de réhabiliter les connaissances et les pratiques rurales, de prendre soin des forêts, de coexister avec les animaux sauvages, d'entretenir nos espaces publics et nos environnements communs en citoyens responsables et actifs. Une autre utopie est possible…

RELIEFS – *Comment vous êtes-vous intéressée à la philosophie politique, et plus particulièrement à John Dewey ?*

JOËLLE ZASK – Par l'intermédiaire de mes recherches sur l'opinion publique, le sujet de ma thèse. Je m'étais demandé pourquoi celle-ci était disqualifiée, délégitimée, et si on pouvait conserver une démocratie libérale en la mettant entre parenthèses. J'avais tendance à répondre que non. J'ai d'abord étudié la transformation de l'opinion publique, d'opinion politique en opinion sondée, puis je me suis tournée vers John Dewey, découvert un peu par hasard grâce à mon directeur de thèse. Au début du siècle et jusque dans les années 1940, cet Américain était l'un des rares penseurs à essayer de rendre l'opinion publique efficace et démocratique. Son point de vue est à la fois original et pionnier : aujourd'hui encore, il y a une très forte méfiance vis-à-vis de l'opinion, et je pense que c'est l'un des maux dont souffre notre régime politique.

R. – *La philosophie pragmatique de Dewey était peu connue en France, et vous avez traduit un de ses livres…*

J. Z. – J'en ai traduit plusieurs. John Dewey a toujours eu un public de pédagogues très actifs, mais en matière de pensée philosophique, politique ou sociale, il a été un peu oublié, alors qu'il était présent en France dans les années 1920 et 1930. Aujourd'hui, il y a quand même beaucoup de chercheurs, notamment en philosophie et dans les sciences sociales, qui s'intéressent à lui. On peut même parler d'un fort regain d'intérêt pour John Dewey.

R. – *Sa « théorie de l'enquête » a influencé vos travaux ultérieurs.*

J. Z. – Cette théorie est vraiment palpitante, d'abord parce qu'elle dit quelque chose de très juste sur la méthode scientifique, alors que règne aujourd'hui un grand contresens sur la science, critiquée comme technoscience ou vilipendée par les évangélistes et les complotistes. C'est parfaitement éclairant quant aux sciences expérimentales de la nature : ce ne sont pas du tout des quêtes de savoir absolu, mais des approches situées, prudentes vis-à-vis de faits dont l'existence est postulée, et des dispositifs concrets pour pouvoir aller vers eux.

Ce qui est passionnant chez ce philosophe, c'est que l'*inquiry theory* n'est pas coupée d'une théorie de la communication ordinaire, et qu'il y a aussi une dimension d'enquête dans la vie quotidienne. On pourrait imaginer que l'école intègre une dimension d'enquête – ce qu'elle ne fait pas –, que la religion intègre une dimension d'enquête – ce qu'elle ne fait pas –, que l'hôpital intègre une dimension d'enquête… On peut aussi enquêter sur soi, sur son environnement. Il y a une véritable démocratie de l'enquête ! D'ailleurs, John Dewey rapprochait étroitement les deux termes. C'est ainsi que les individus peuvent identifier leurs intérêts communs, leurs problèmes, leurs aspirations, leurs valeurs, elles-mêmes soumises à l'enquête.

Évidemment, tout cela s'oppose au dogmatisme, à l'absolutisme, à l'idéologisme, aux certitudes ! Donc, dire que la méthode de la démocratie c'est la méthode de l'enquête, je trouve ça très fort.

R. – ***Cette conception de la démocratie, on la trouve dans* La Démocratie aux champs...**

J. Z. – Il est vrai que la pensée de la démocratie et de l'enquête chez Dewey a constitué mon héritage philosophique. Disons que les problématiques abordées dans ce livre ou d'autres n'étaient pas en continuité avec mon exploration philosophique du pragmatisme. Dewey n'a pas vraiment parlé de la culture de la perte. Ce qui m'a amenée à ***La démocratie aux champs*** est toujours une interrogation sur la démocratie. J'ai par ailleurs des origines paysannes, cela m'a toujours intéressée.

R. – ***Vos grands-parents étaient paysans ?***

J. Z. – Oui, du côté paternel, et j'ai grandi à la campagne pendant quelques années. Ce qui m'a beaucoup intriguée, à une époque où on commençait à se tourner vers l'agriculture écologique, la permaculture, les paniers bio, c'est que « les grandes révolutions démocratiques » de la fin du XVIIIe siècle ne se sont pas faites avec les paysans, soit 80 à 95 % de la population, mais contre eux. Je me suis demandé ce que nos institutions conservaient de cette exclusion initiale et massive. N'est-elle pas aussi une forme de faiblesse de nos institutions et de notre vie démocratiques, voire de nos habitudes démocratiques et politiques ? Ce que j'ai trouvé est consternant, parce que le mépris des paysans, la déconsidération dont ils ont fait l'objet en France datent, comme Marx l'a bien analysé, de la Révolution française. J'ai retrouvé chez les paysans une catégorie d'exclus et aussi des groupes de gens dont le mode de vie, la relation vis-à-vis de la terre nous éclairaient sur ce qu'est une démocratie écologique. Quand je dis paysan, je pense à une combinaison étroite entre le jardinier qui remue la terre et l'embellit, et le cultivateur qui en tire sa subsistance. Cette complémentarité est déjà présente dans la figure d'Adam, l'archétype de l'humanité dont le rôle est de garder le jardin d'Eden et de le cultiver. Tout ça pour dire que cultiver la terre et se cultiver soi-même, c'est un peu pareil...

LA DÉMOCRATIE AUX CHAMPS (2016)

L'image du paysan, liée à la vision d'un rapport primitif à la terre idéalisé ou dénigré, investi par des théories réactionnaires, est ici abordée de manière politique, dans sa portée citoyenne. Grand oublié des révolutions démocratiques, au mépris de son poids historique dans la société, le cultivateur a pourtant joué un rôle pionnier et méconnu au sein d'organisations sociales et communautaires, en partageant la terre, en investissant ses rendements comme possibilités d'un partage égalitaire des ressources, en imaginant des manières de vivre ensemble bien éloignées des théories de la propriété privée. Jardins ouvriers, partagés, thérapeutiques, fermes et communautés... constituent autant d'utopies réalistes qui dynamitent les oppositions entre privé et public et entre l'homme et d'autres espèces. Cet ouvrage leur rend justice.

R. – ***En Europe, on a tendance à lier la démocratie à la ville. Vous la liez à la ruralité en vous appuyant sur les premiers penseurs de la démocratie américaine, notamment Thomas Jefferson...***

J. Z. – Chez **Jefferson**, on trouve cette idée que l'*American Farmer* est le citoyen le plus vertueux. Pourquoi ? Selon une expression de Ralph Waldo Emerson, il « transforme » le paysage tout en étant l'élève de la nature. Il épierre, plante, irrigue, tout en pensant aux générations futures. C'est l'histoire du laboureur et ses enfants chez La Fontaine : le trésor dans la vigne c'est le travail, mais la vigne est plantée et les enfants en héritent, et ils trouveront un trésor s'ils continuent de la cultiver. À travers cette relation dialogique se forgent le sens des responsabilités et le sens de la réalité. Car la nature ne fait pas ce qu'on veut. Psychologiquement, c'est essentiel : un enfant ne grandit pas s'il ne se sent pas en opposition, voire en conflit avec le réel. Ce qui le fait émerger est la pensée de la réalité comme distincte de lui.

Aujourd'hui, le déni du réel est abyssal et il prend toutes sortes de formes. C'est le problème sempiternel de la philosophie : qu'est-ce que la réalité et comment y accéder ? Les grandes catégories philosophiques dépendent de la manière dont on répond à cette question : le scepticisme, le réalisme, l'idéalisme… L'une des vertus du cultivateur est de reconnaître l'existence d'une logique indépendante de la sienne, avec laquelle il faut composer et développer un sens expérimental ou scientifique. L'idée que les paysans n'ont pas de science m'a toujours semblé aberrante. Ils n'ont pas le raisonnement scientifique de ceux qui étudient avec des instruments de mesure précis, mais ils raisonnent à partir d'observations, de comparaisons, avec un sens des probabilités, une adaptation aux situations concrètes, des tentatives, des essais, des hybridations.

R. – *Jefferson disait que le fermier était un modèle de citoyen vertueux, avec sa ferme…*

J. Z. – Cette indépendance lui paraît très importante, comme elle l'est d'ailleurs déjà pour Aristote. Le fermier maîtrise sa tâche, sans la dominer, de A à Z. Il gère aussi une communauté avec toutes sortes de gens dont les fonctions sont différentes. Cela renvoie aussi à **Olivier de Serres** et à son texte très protestant de 1600, *Le Théâtre d'agriculture et ménage des champs*.

Jefferson est par ailleurs un immense botaniste, ses écrits les plus nombreux sont des observations de plantes. Mais son idée principale est que la ferme constitue une petite république dont les différentes parties sont indépendantes et jouissent d'un droit d'initiative, en quelque sorte. Jefferson avait vraiment cet idéal d'indépendance : il souhaitait comme premières mesures de l'État fédéral l'abolition de la loi de primogéniture, pour assurer l'indépendance de tous les enfants, et la dotation d'un lopin de terre pour chaque famille. La priorité n'est pas la propriété de la terre, mais la jouissance d'un coin de terre, l'équivalent d'un Revenu minimum d'insertion. Cette notion peut être transposée à beaucoup d'autres situations : notre société nous donne-t-elle les moyens de notre indépendance ? La réponse est bien évidemment non, pas même à l'école.

R. – *Cette pensée s'oppose au productivisme agricole et à l'agriculture industrielle…*

J. Z. – Toute les agricultures, y compris la permaculture et la bioagriculture, sont productivistes. Les systèmes agricoles ont toujours été intéressés par la question du rendement. En revanche, un passage s'opère dès le XVIIIe siècle entre une agriculture de subsistance, qui assure des conditions de vie nécessaires ou utiles à la formation de la citoyenneté, et le système latifundiste, celui de la plantation et l'agriculture industrielle déjà présente chez les physiocrates français. Cette agriculture-là se moque entièrement de la subsistance,

THOMAS JEFFERSON (1743-1826)

Ce Virginien d'origine anglaise n'est pas seulement le 3e président des États-Unis, qui a négocié avec Napoléon la vente de la Louisiane. En homme des Lumières polyglotte, il se passionne pour les mathématiques, la géométrie, la mécanique (il invente un polygraphe, un versoir universel et un cylindre de chiffrement à son nom), la géographie, sans parler de l'œnophilie (muscat de Frontignan) et de la gastronomie européenne (gaufres, macaronis), qu'il introduit aux États-Unis. Féru d'agronomie, il expérimente de nouvelles techniques et érige le paysan et la vie agraire en idéaux républicains, comme l'éducation publique et la liberté de la presse.

elle associe la culture à la création de profits et à une capitalisation. L'agriculture la plus rentable ne nourrit personne : hier coton et tabac, aujourd'hui biocarburants, plantes transgéniques destinées au bétail ou aux matériaux de construction. Rappelons-le, l'agriculture industrielle ne produit que 20 % de la nourriture mondiale ! Neuf exploitations sur dix sont traditionnelles ou familiales, mais elles ne représentent qu'une très petite partie des terres arables. Les multinationales et les États qui en sont les complices clament que sans agriculture industrielle on ne pourrait pas nourrir tant de gens… On nous ment, c'est complètement faux. L'agriculture industrielle produit de la famine et des pathologies alimentaires dont les coûts sociaux sont énormes. Je pensais moi aussi qu'on ne pouvait pas faire sans l'agriculture industrielle, mais j'ai découvert que c'est avec elle qu'on ne peut pas faire.

R. – ***Vous évoquez aussi les jardins partagés. D'où vient cette idée ?***

J. Z. – Le jardin associe un terrain commun qui appartient à Dieu, à la commune ou à une collectivité quelconque, divisé en lopins individuels dont les destinataires ne sont pas les propriétaires, mais qu'ils se partagent. C'est une forme très ancienne dont on trouve des exemples absolument partout : jardins ouvriers, paysans, familiaux, pédagogiques, communautaires, etc. Jefferson destinait sans doute les États-Unis à devenir un jardin partagé : chacun aurait reçu quatre acres de terre – 1,6 hectare – dont personne n'aurait été le propriétaire. La propriété privée n'est pas à l'origine de l'agriculture paysanne, il y a même entre elles un découplage complet. Quand les communs, les communaux, les « commonçaux » faisaient partie de ces jardins partagés, on imaginait le village, les jardins potagers tout autour, puis un ensemble de fermes, puis la forêt, des terrains accessibles à tous où s'exerçait un gouvernement commun. On pouvait prélever tant de tourbe et pas plus, y mener trois cochons et pas quatre… Évidemment, le système des enclosures a contribué à détruire ce système vieux comme le monde. La force du jardin partagé, c'est qu'on peut l'imaginer à très petite échelle, comme celui de Maria Montessori, une centaine de mètres carrés est subdivisés en lopins d'un mètre carré ; et on peut l'imaginer à l'échelle de la planète.

LA FORCE DU JARDIN PARTAGÉ, C'EST QU'ON PEUT L'IMAGINER À TRÈS PETITE ÉCHELLE OU À CELLE DE LA PLANÈTE.

R. – ***La Terre, un jardin partagé ?***

J. Z. – C'est une image qui n'a rien d'utopique ou d'irréel, qui pourrait vraiment être considérée comme une norme, alors que des individus surpuissants ou des grands groupes achètent pour les privatiser des forêts, des cascades, des lacs, des plages, des montagnes. Je trouve incroyable cet accaparement, cette privatisation de portions immenses de biens communs, et nous ne sommes qu'au début d'un processus qui s'accélère, comme en témoigne aussi le triste sort de la forêt amazonienne.

OLIVIER DE SERRES (1539-1619)

Le plus protestant des agronomes (on disait « mesnager des champs ») et le plus agronome des protestants, l'Ardéchois Olivier de Serres, né à Villeneuve-de-Berg, consacre quarante ans de sa vie à faire du Pradel, propriété fortifiée rasée par Richelieu après sa mort, une ferme modèle où il amende et irrigue, partage son savoir alentour et introduit de nombreuses plantes, dont la garance, le houblon et le maïs. En 1600, après avoir œuvré au développement des mûriers et à la production de la soie en France, il publie un monument apprécié d'Henri IV, Le Théatre d'agriculture et mesnage des champs, dont les nombreuses rééditions transmettront jusqu'au XIXe siècle des connaissances et des pratiques qui le confirment comme « père de l'agriculture française ».

R. – *Vous évoquez aussi l'exemple de Todmorden, au sud de Manchester, qui va encore plus loin…*

J. Z. – Avec les *Incredible Edible*, les Incroyables Comestibles, Todmorden a lancé une expérience d'indépendance alimentaire où il n'y a plus de lopins, les fruits et légumes sont à tout le monde et chacun a une responsabilité, par exemple, mettre un bac devant sa porte, cultiver une plate-bande dans la ville, etc. Dans les années 1970 aux États-Unis ont fleuri, non sans conflits, les *Community Gardens*, sortes d'ancêtres du jardin partagé urbain contemporain, des jardins multiethniques. L'ethnobotanique serait née là. Quand des Portoricains, des Chinois, des Arméniens, des Afro-Américains cultivent ensemble – rien que des femmes, à ce propos –, les plantes et les informations se mêlent, s'échangent, se transforment.

On a aussi les plantages suisses, très anciens, ou les hortillonnages d'Amiens, qui remontent au Moyen Âge. Et le système du *mir* russe, dans lequel les terres appartenaient à l'État, au tsar, mais où chacun jouissait d'un lopin. Les kolkhozes s'opposaient évidemment aux jardins partagés, mais Staline a renoncé à les démanteler, ce qui fait que, sans jamais fonctionner, ils ont alimenté les kolkhoziens, c'est-à-dire les ouvriers agricoles, en semences, carburant, matériel, machines. Ceux-ci les utilisaient pour cultiver leurs lopins, dont ils vendaient les fruits au marché kolkhozien. Si l'URSS avait dû compter sur les kolkhozes pour survivre, beaucoup seraient morts de faim, ce qui s'est justement passé en Chine où le système local du jardin partagé a été complètement détruit au profit de la ferme collective.

R. – *Quand on parle du retour à la terre, on voit aussi surgir des modèles totalitaires…*

J. Z. – La ferme collective, c'est une usine. Il y a eu des utopistes français pour la désirer. Fourier, plus charitable avec les plantes qu'il imagine « compagnes » qu'avec les gens, compartimente ceux-ci en choutistes, ravistes, pomme-de-terristes. Cette division du travail agricole certes collectivise la production, mais ne va pas dans le sens de la démocratie.

R. – *En quoi ?*

J. Z. – Dans la démocratie, le premier principe est que chacun compte pour un. Pour cela, il faut des institutions, des dispositifs, des habitudes qui permettent à chacun d'exister en tant que personne et de développer son individualité. Le travail collectif qui compartimente les tâches et prive les individus de la fixation des buts de leur activité et du bénéfice de ses résultats, comme l'analysait Marx, n'est en rien individualisant. Il détruit des personnalités, ce que Marx appelle l'aliénation, et il nous rend étrangers à nous-mêmes.

R. – *De même que les paysans jardinent la terre, on peut prendre soin des forêts, mais parce qu'on ne le fait plus, surviennent des « mégafeux »…*

J. Z. – Le terme de mégafeu, je l'ai trouvé en anglais quand j'ai commencé mon livre, ***Quand la forêt brûle***, en août 2017 après un

QUAND LA FORÊT BRÛLE. PENSER LA NOUVELLE CATASTROPHE ÉCOLOGIQUE (2019)

Alors que les forêts s'embrasent dramatiquement ces dernières années, en Californie, en Amazonie, en Australie, en Grèce ou au Portugal, les scientifiques élaborent de nouvelles notions pour cerner ces phénomènes extrêmement inquiétants. L'ancien responsable de l'US Forest Service, Jerry Williams, a forgé celle de « mega-fires » pour décrire ces catastrophes déclenchées par l'homme, sur lesquelles il n'a plus aucun contrôle et qui anéantissent toute forme de vie sur leur passage. Dans ce livre, Joëlle Zask érige les mégafeux en paradigme de la catastrophe écologique, point de départ d'un nouveau rapport à notre environnement ni romantique, ni dominateur, mais pragmatique : c'est en prenant soin collectivement et avec prudence de notre environnement que nous pourrons restaurer une « culture du feu ». Dans le cadre d'une écologie « qui ne peut être que démocratique ».

incendie que j'ai vécu dans le Var, pour désigner un nouveau « régime de feu ». Ce terme, je l'emprunte à **Stephen Pyne**, un historien qui en distingue trois : les feux naturels, les feux aborigènes ou entropiques et les feux industriels. On peut faire l'hypothèse d'un quatrième régime, le mégafeu, qui échappe entièrement à la maîtrise et à l'utilité humaines. Lié précisément aux activités destructrices des équilibres écologiques ou à leur déficit, c'est un évènement catastrophique de l'anthropocène. Les mégafeux sont différents des feux d'entretien, des feux traditionnels, de l'écobuage, de tout ce qu'on appelle les brûlages, et c'est pour faire cette distinction que l'anglais dit *Very Large Fire*. Il lui donne même des noms comme aux typhons : *The Beast* en Californie. Ces feux se distinguent par leur intensité, leur étendue, leur écrasante domination. Les pompiers servent surtout à évacuer les gens, éventuellement à sauver quelques maisons, mais ils ne peuvent plus arrêter les flammes. Le mégafeu s'éteint quand il pleut, quand il n'y a plus de combustibles, quand le vent tombe. On peut dire qu'il meurt de cause naturelle. Ce qu'on appelle « le complexe industriel du feu » de plus en plus coûteux est impuissant face à lui. C'est ce qu'on a constaté en Australie, en Amazonie, en Californie, et même en Sibérie en 2019.

R. – ***Et les causes de ces mégafeux ?***

J. Z. – Deux catégories s'entremêlent. La première, c'est la destruction ou la perturbation des équilibres écologiques, qui produisent un allongement des périodes de sécheresse, une intensification des températures, un lessivage et une destruction des sols, un dessèchement de la végétation avec l'apparition de nouveaux nuisibles qui profitent des nouvelles conditions climatiques, la monoculture aussi, car plus les forêts sont uniformes, plus elles sont fragiles.

R. – ***Un peu comme en Suède ?***

J. Z. – Oui, ou comme au centre du Chili, où les eucalyptus ont provoqué des feux géants qui ont mis le pays à genoux en 2017. Dans l'autre série de causes, il y a la destruction culturelle de peuples qui interagissaient avec la forêt, l'entretenaient et géraient la masse de combustibles disponible, pratiquaient des coupes, un éclaircissement de la végétation, une orchestration des plantes. Selon Stephen Pyne, la majorité des forêts qui restent aujourd'hui – il parle même de paysages planétaires – ont été façonnées par les usages entropiques du feu, puisque depuis *Homo erectus*, soit 2 millions d'années, on sait transporter les flammes.

R. – ***Ce que l'on appelle la culture du feu ?***

J. Z. – C'est une expression corse qui s'applique à de nombreuses pratiques. Les aborigènes d'Australie parlent quant à eux de *cleaning country*, de « ménage du pays », qui est à la fois aménagement et ménagement.

R. – ***On se retourne vers eux pour trouver des solutions ?***

J. Z. – Oui, il y a volte-face. Cette destruction culturelle des peuples

STEPHEN PYNE (1949-)

Historien de l'environnement et de l'exploration, Stephen J. Pyne est d'abord un éminent pyrologue, « la plus grande autorité mondiale de l'histoire du feu » selon Science. Pompier forestier pendant quinze saisons sur la rive nord du Parc national du Grand Canyon, il a pu développer in situ ses recherches et ses théories. En 1982, son deuxième livre, Fire in America: A Cultural History of Wildland and Rural Fire, le révèle comme écologiste, philosophe, poète et sociologue. Depuis, il en a écrit une vingtaine (dont aucun traduit en français) et il a introduit plusieurs concepts éclairants, dont celui de « pyrocène », selon lequel les pratiques humaines du feu, dont la combustion de carburants fossiles, ont déclenché une ère de feu équivalente à une période glaciaire.

autochtones ou aborigènes, qui inclut nos paysans français, s'est accompagnée d'une politique d'extinction des feux à la première étincelle, en particulier de lois anti-écobuage, au prétexte que tous ces sauvages étaient en train de ruiner le paysage et de mettre en danger les populations locales. La déprise rurale et sylvestre a livré la forêt à elle-même alors qu'elle est habituée au feu depuis très longtemps. Les forêts de la Méditerranée du sud brûlent moins que celles du nord. Dans les forêts de Californie par exemple, « rurbains » ou touristes n'y connaissent rien et se révèlent nuisibles sur le terrain. Il y a aussi des feux dérivant de l'écobuage qui dérapent à cause des conditions climatiques. Mais globalement, restaurer les activités forestières via l'agriculture, les brûlages sous contrôle, le pastoralisme, l'entretien qui permet de gérer la quantité de matières sèches, c'est augmenter les chances d'éviter les mégafeux. C'est ainsi que les Californiens se tournent vers les moutons ou les chèvres pour entretenir la forêt. Il faut la cultiver modestement aussi… Peut-être cela ne suffira-t-il pas, mais c'est le seul moyen. L'autre voie, comme disait Trump, c'est d'enlever tous les arbres ! Ce que s'emploient à faire des latifundistes défricheurs couvés par l'État, comme au Brésil.

R. – ***Comment ont évolué nos relations avec les animaux sauvages, notamment ceux qui coexistent avec nous dans les villes ?***

J. Z. – Certains, déjà sur place, voient leurs populations augmenter au fur et à mesure des activités humaines ; d'autres viennent de l'extérieur parce qu'ils ne trouvent plus dans leur environnement largement détruit de quoi subsister.

Faisant l'hypothèse qu'il y aura de plus en plus d'animaux sauvages dans les villes, j'interroge dans ***Zoocities*** comment des villes conçues au départ contre les animaux et la nature pourraient s'assimiler à des refuges pour la vie naturelle. À partir du moment où les urbains, soit à l'horizon 2050 70 % des humains, seront confrontés à la cohabitation, ou plus exactement à la coexistence avec les animaux affluant dans les villes, j'ai imaginé que s'ils renoncent aux solutions classiques consistant soient à les repousser, ou à les tuer, soit à les accueillir tous gentiment, ils saisiront quelque chose de leur environnement qui les poussera peut-être à adopter le paradigme écologique et, finalement, à restituer des espaces naturels aux animaux sauvages.

L'écologie doit commencer dans les villes, grandes prédatrices de la nature. On aura beau les écologiser, les rendre jolies, vertes, climatisées, tant qu'elles ne pourront pas produire ce dont elles ont besoin pour subsister, la nature sera détruite. Entre la dépendance totale des villes vis-à-vis des campagnes et la destruction des habitats des animaux, nous allons dans le mur. Eux, comme n'importe quel être vivant, font tout leur possible pour rester en vie, ils viennent donc à notre contact. Ce qui pose toutes sortes de problèmes, comme celui des zoonoses… Nous devons imaginer la transformation de la ville de manière à coexister avec des animaux sauvages de manière pacifiée, en évitant les dangers de morsure ou

ZOOCITIES. DES ANIMAUX SAUVAGES DANS LA VILLE (2020)

Les animaux sauvages s'invitent de plus en plus dans l'espace urbain : singes et léopards dans les villes indiennes, ratons laveurs et sangliers en Europe, chacals et coyotes en Israël… Si l'installation en ville ou à la campagne semble avoir longtemps conditionné notre rapport proche ou lointain avec des formes de vie naturelles de l'animal, il faut désormais imaginer coexister avec des animaux dont, pour certains, nous ne nous sommes jamais débarrassés (les rats ? les pigeons ?). Décryptant ce qu'impliquent nos réactions devant cette irruption animale dans nos espaces vitaux, Joëlle Zask plaide pour accorder « une place à l'imprévisible du vivant, au jeu des libertés dans les relations sociales » et pour dénouer « l'opposition stérile, écocide et misanthrope entre la nature et la civilisation ».

de contamination, mais en leur permettant d'accomplir leur cycle de vie.

R. – ***On a un peu de mal à imaginer en Europe des animaux sauvages dangereux dans les rues…***

J. Z. – Il y a beaucoup de singes dans les villes indiennes, ce qui pose un problème majeur. Mais la France a un problème de sangliers, de moustiques, de rats, de goélands. Aujourd'hui, il y a de plus en plus de ratons-laveurs à Münster, en Allemagne. Ces gros animaux américains venus mystérieusement de l'est sont des milliers, parfaitement adaptés, d'une intelligence diabolique et ils détruisent à peu près tout sur leur passage. En Israël, on voit apparaître des chacals, qui mordent les gens. Ailleurs, il y a des coyotes, des ours, des dromadaires, des éléphants. Dans mon nouveau livre, ***Face à une bête sauvage***, j'ai rédigé onze fiches : pourquoi ces animaux en ville, que faire quand ils nous attaquent, et une petite philosophie de l'animal en question… Il y en a de très communs, les rats, les moustiques, les sangliers. Les corneilles pratiquent la reconnaissance faciale et peuvent même transmettre des informations à leur descendance. Des gens ont été persécutés par des corneilles qui les jugeaient responsables de la mort d'un de leurs congénères ! Il y a même des villes littéralement « envahies », même si je n'aime pas ce terme, d'animaux sauvages, comme des éléphants.

R. – ***Où ça ?***

J. Z. – En Asie, notamment en Thaïlande et au Sri Lanka, en Afrique, au Zimbabwe et au Botswana… Les zones urbaines s'étendent et occupent les passages de transhumance des éléphants. Eux empruntent leurs routes ancestrales quoi qu'il arrive et piétinent tout sur leur passage. Et puis, ils sont très rancuniers, comme on le sait.

Le geste éradicateur, dont je parle dans *Zoocities*, est absurde. On ne peut pas exterminer tous les animaux qui nous dérangent, non seulement parce que ce n'est pas éthique mais aussi parce que cela détruirait des écosystèmes restaurés sur place. On ne le peut pas parce que les animaux ne se laissent pas faire. Cela fait des décennies qu'on lutte avec toute l'intelligence scientifique imaginable contre les rats et les moustiques, et il y en a de plus en plus ! La politique exterminatrice est très souvent vouée à l'échec. Malgré des « prélèvements » de coyotes, de lions de mer ou de sangliers là où ils sont « trop » nombreux, leur population reste « incontrôlable ».

La position préservationniste et conciliatrice selon laquelle on pourrait former avec les animaux une grande famille ne marche pas non plus. C'est pour cela que je me suis intéressée à la notion de voisinage. Le voisinage, ce n'est pas la juxtaposition d'individus dans des lieux qu'ils se partagent sans se voir ou se considérer, et ce n'est pas non plus l'unité symbiotique, organique. C'est le fait de prendre en considération des êtres non choisis, qui ne sont ni nos amis ni nos ennemis, et avec lesquels nous devons partager notre existence et un territoire. En matière de voisinage, peu importe les sentiments. Ce qui importe, ce sont les aménagements concrets de la coexistence,

FACE À UNE BÊTE SAUVAGE (2021)

« L'avenir de la ville sera-t-il celui d'une jungle urbaine ? » Dans cette sorte de manuel oscillant entre théorie et pratique, publié sous forme de carnet dans une petite collection du même nom, Joëlle Zask répertorie une dizaine de comportements animaux intrusifs, possiblement dangereux pour l'humanité des villes. Sangliers, ours, rats, serpents, moustiques, chiens errants… autant d'individus et d'espèces, dont nous avons tenté en vain de nous débarrasser et que nos mythologies ont peintes en bêtes indésirables, effrayantes, menaçantes. Sans tomber dans l'idéalisation naïve de nos liens avec les animaux ni dans l'hubris de la domination humaine absolue sur le vivant, Face à une bête sauvage fait œuvre de pédagogie salutaire, en pariant que ce que nous connaissons (un peu) nous fera moins peur. Et nous rendra plus humains.

la construction de cloisons insonorisées entre les appartements par exemple. Certains aménagements favorisent les conflits et d'autres permettent au contraire une pacification des relations.

R. – ***Avec les humains et les autres animaux…***

J. Z. – Lorsqu'un habitant, plutôt que de détruire des nids d'hirondelles sous prétexte de salissures, installe sous eux une petite planchette, il ou elle a changé d'état d'esprit et s'est engagé sur le chemin de l'écologie. Cette adaptation à la vie de voisins qu'on n'a pas choisis, j'ai imaginé qu'elle pourrait s'inscrire dans la typomorphologie de la ville et en modifier la pensée même.

Car l'héritage de la ville comme lieu bâti contre l'imprévisible et le sauvage, et non avec, perdure alors même que nous étouffons. La tendance à clôturer la ville est toujours très forte, ce dont témoigne par exemple le développement actuel des BID, *Business Industrial Districts*, des résidences fermées, des caméras de surveillance, des ghettos et des « quartiers », etc. La mise au pas du phénomène urbain par des autorités extérieures a en outre pour effet de désinvestir les riverains de toute responsabilité envers leur propre milieu. D'où le comportement négligent, voire destructeur de ceux et celles qui, au lieu de rêver leur quartier et d'en prendre soin, se tournent vers les pouvoirs publics pour se débarasser des immondices qu'eux-mêmes ont déposés. C'est ce problème que j'avais déjà abordé dans *Quand la place devient publique*, où je redéfinis la citoyenneté dans des termes environnementaux et matériels. Cette citoyenneté qui se construit par l'entretien, l'aménagement, le *cleaning country* de nos environnements communs et peut-être aussi de la coproduction de la ville, est proactive. La citoyenneté qui consiste à débattre des décisions politiques ou des sujets décidés d'en haut, elle, est ré-active, c'est d'ailleurs le dispositif clé de la représentation. Je trouve intéressant de réfléchir à des solutions sensibles dont nous pourrions nous saisir aisément et qui nous mèneraient à compléter notre citoyenneté représentative par une citoyenneté participative. Ancrés dans le soin et l'aménagement de notre milieu, nous nous occuperions des espaces publics aussi bien que de notre salon ou de notre cuisine. Je crois que la pièce manquante à notre philosophie de la citoyenneté, c'est cette responsabilité vis-à-vis du monde matériel commun, celui de la coexistence. ^

The SUN

Rika Noguchi

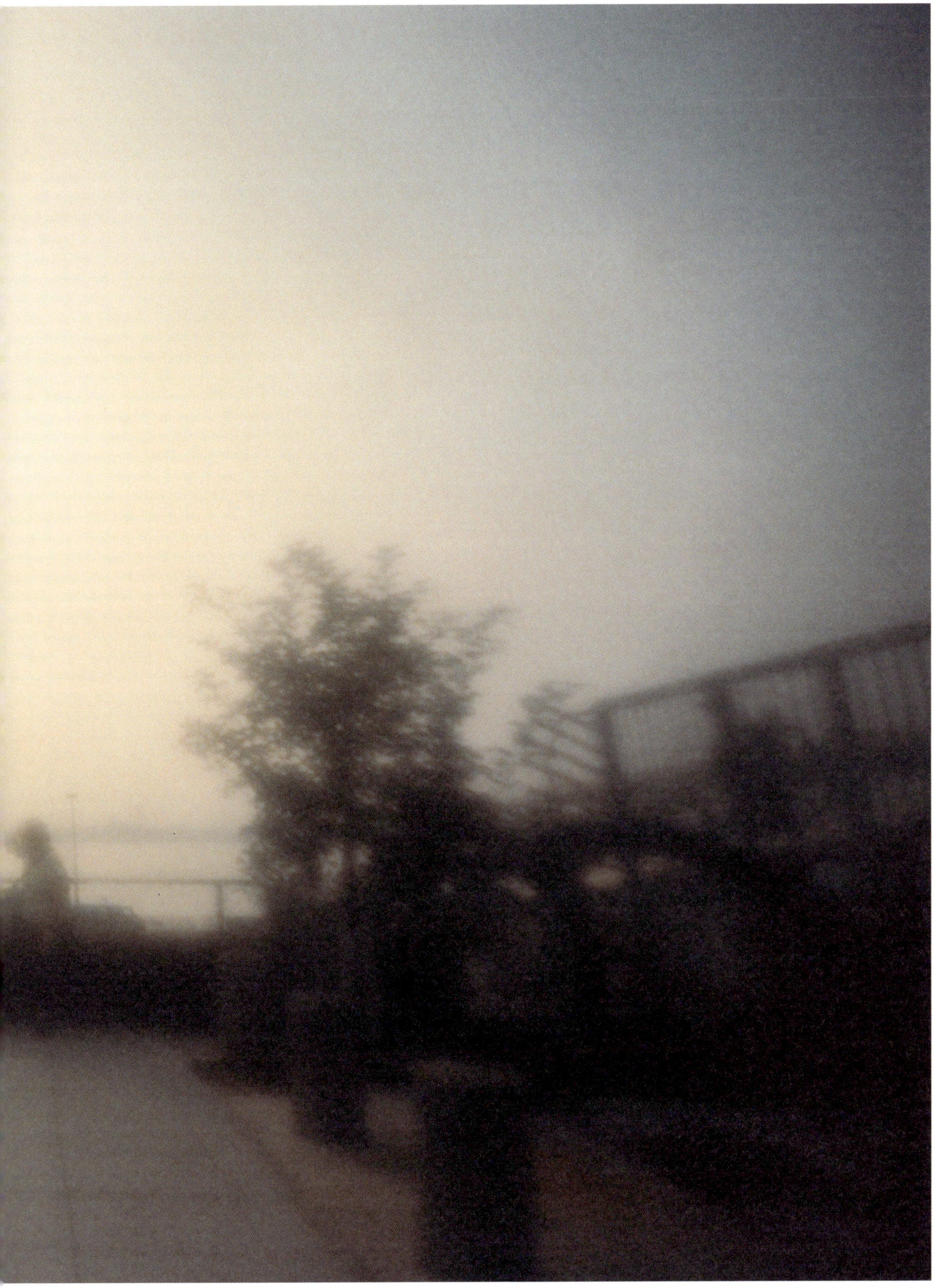

III
THE SUN

Rika Noguchi, The Sun, 2005-2008

PAR ORDRE D'APPARITION

The Sun #1, 2005
The Sun #2, 2006
The Sun #7, 2006
The Sun #12, 2006
The Sun #9, 2006
The Sun #11, 2006
The Sun #13, 2006
The Sun #15, 2006
The Sun #16, 2006

UN JOUR, EN REGARDANT L'EAU, j'ai pensé à la couleur.

Je me suis demandé pourquoi nous considérons le bleu comme la couleur de l'eau. Et je me suis demandé quelle était la véritable couleur du Soleil.

J'ai décidé de le photographier avec un sténopé, car je pensais que la couleur des lentilles dans un appareil classique ferait interférence. Quand j'ai commencé à déclencher, j'ai compris toute l'ampleur de ce travail. Une fois levé, le Soleil ne me quittait plus. Quand je me promenais par beau temps, il me suivait partout. Par temps nuageux, il perçait la grisaille. À l'intérieur d'un bâtiment, je pouvais le voir par la fenêtre.

Il est donc entré dans le sténopé, où le négatif l'a capturé. C'était aussi pour moi un moyen de réfléchir sur les films argentiques, en voie de disparition. Et j'ai continué à m'interroger sur la véritable couleur du Soleil. Je me suis donc rendue dans un parc avec une feuille de papier blanc et je l'ai photographiée sur l'herbe. Le papier a changé de couleur graduellement jusqu'au crépuscule. Quand il a disparu dans l'obscurité, j'ai réalisé que j'avais peut-être réussi à photographier la couleur du Soleil. ^

Rika Noguchi

120

128

ALTITUDE/ LONGITUDE

LE POUVOIR ET LA TERRE

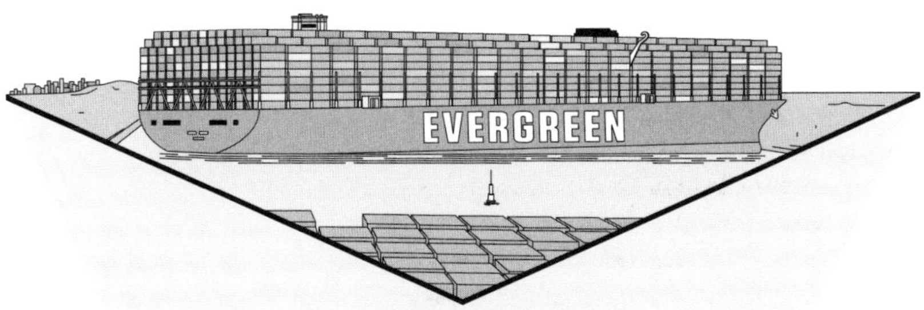

Depuis que nous sommes capables de la regarder de loin, notre planète ne nous apparaît plus comme horizon unique et stable de l'agir humain. Elle est devenue le royaume de l'incertitude, par la multiplication des évènements contingents, et le plus souvent imprévisibles, qui affectent le climat, les milieux et l'ensemble du vivant. Cette redécouverte à laquelle nous sommes contraints, en tant que responsables et victimes, nous invite à reconsidérer les relations passées et présentes entre les pouvoirs de l'Homme et la puissance Terre. Mais comment les articuler autrement, au bénéfice de notre destin collectif ?

Pierre Charbonnier
Philosophe, chargé de recherches CNRS à Sciences Po Paris

· 1 ·

NOUS SOMMES EN TRAIN DE DÉCOUVRIR une nouvelle planète : la Terre.

Les atteintes qu'on lui porte ont en effet pour conséquence paradoxale le développement de nouveaux savoirs et d'une récente attention à sa fragilité. Les spécialistes des sciences du climat, des sols, des océans, des compositions écologiques végétales et animales ont disposé autour du globe une myriade de capteurs qui saisissent en temps réel les pulsations du système-Terre. Celles-ci, à leur tour, s'invitent dans les discussions sur les systèmes alimentaires, énergétiques, les projets industriels et les modes de développement économique, la gestion des paysages naturels, mais aussi dans les enjeux de sécurité internationale. Les savoirs sur la Terre et l'organisation politique des communautés humaines tendent ainsi à se rapprocher, peut-être comme jamais dans le passé, mais surtout différemment de ce que l'Histoire a pu connaître. Car si toute vie politique se déploie dans des coordonnées spatio-temporelles, physiques et organiques, notre présente condition est la seule suspendue ainsi à l'organisation consciente des relations écologiques.

Il est devenu trivial pour les sciences sociales et la philosophie d'affirmer que le monde est « construit », que l'on n'interagit avec lui qu'à travers des cadres de pensée et d'action qui sont le produit de l'Histoire. Mais peut-être que les promoteurs modernes de cette idée n'avaient pas imaginé que la construction du monde prendrait cette tournure, et que le rêve d'une ingénierie écologique capable de réorganiser intégralement la Terre, ses climats, sa productivité, trouverait un aboutissement quasiment littéral.

En raison du changement de dimension de l'agir humain qu'on nomme l'anthropocène, la Terre ne peut plus être considérée comme un bloc tellurique inerte, hors de portée de nos actions et indifférent. De nombreuses voix dans le monde des idées tentent aujourd'hui d'exprimer cette notion que nous ne vivons plus tout à fait *sur* Terre, mais *avec* elle, ou dans un réseau de relations mutuelles dont on sait qu'il peut se transformer radicalement.

Si la géographie et la cartographie ont toujours été des savoirs et des arts politiques, il est manifeste que nous sommes désormais appelés à revisiter les termes de cette géopolitique, constituée dans le passé avec la formation des États souverains territoriaux et les aventures militaires, idéologiques et scientifiques qui ont accompagné ce processus.

· 2 ·

Il y a un bon demi-siècle, les premières images de la Terre vue de l'espace, le fameux *Blue Marble* (la « Bille bleue »), ont eu un impact important sur l'imaginaire scientifique et politique mondial. Dans un contexte dominé par le conflit entre l'Est et l'Ouest, elles permettaient, pensait-on, de substituer aux clivages idéologiques l'unité d'une cause commune, un nouvel universel bien concret, bien visible. Il faut naturellement relativiser cet irénisme spatial, puisque non seulement l'image elle-même s'inscrit dans les conflits de la guerre froide et de la course à l'espace, mais la Terre restituée par l'imagerie satellite était déjà vibrante de conflits relatifs à son occupation et à son usage. Le point de vue éloigné des technologies spatiales ne faisait en réalité que souligner le hiatus entre notre commune condition terrestre et l'éclatement des appartenances locales, entre la majesté de l'objet astronomique vu de l'extérieur et le confinement du vivant à sa surface.

La réconciliation planétaire n'a donc jamais été qu'un rêve passager. Car en gagnant l'image de la Terre comme totalité fermée, comme horizon unique de l'agir humain, nous avions en même temps perdu la granularité plus fine des problèmes posés par la coexistence de multiples collectifs, qui tous veulent prendre des terres, se les partager et y faire paître leurs troupeaux.

Ces rêves appartiennent au passé, car il est désormais clair que si la Terre fait système en tant qu'ensemble d'interdépendances matérielles et évolutives, elle ne saurait faire l'objet d'une saisie politique uniforme et homogène.

C'est la raison pour laquelle les politiques de la Terre sont toujours aux prises avec deux problèmes, simultanément : celui des contraintes écologiques, des limites, qui s'imposent au mode de développement social, et celui de la multiplicité des communautés politiques qui occupent ce territoire et qui doivent déterminer ensemble leurs droits respectifs. C'est le croisement de ces deux problèmes que nous voudrions explorer dans ce texte.

LA CONVERSION DES BÉNÉFICES MATÉRIELS DE LA CROISSANCE EN BÉNÉFICES POLITIQUES **EST DE PLUS EN PLUS CONTESTÉE, SANS POURTANT QU'UN AUTRE RÉGIME DE PRODUCTION ET DE LÉGITIMITÉ DÉMOCRATIQUE N'APPARAISSE.**

· 3 ·

L'idée d'une ingénierie écologique universelle et adossée à la connaissance intégrale du monde est rendue caduque par la multiplication des évènements contingents, imprévisibles, qui caractérisent le nouveau régime climatique. L'incertitude, qui était l'ennemie jurée des sociétés modernes, fait donc obstacle à l'utopie d'une régulation socio-écologique planétaire. On ne connaît pas les conséquences de l'ouverture des voies de navigation du Grand Nord par le réchauffement des pôles, on ignore les capacités de réaction et d'adaptation des villes touchées par la montée du niveau des océans, on ne sait pas si des techniques efficaces de géo-ingénierie seront bientôt mises au point, etc.

L'expérience de l'incertitude tend à porter une plus grande attention à la variété des histoires écologiques, des modes d'encadrement de l'univers naturel existant dans le monde. En fonction des techniques agricoles et de leurs effets sur les sols et les climats, en fonction des infrastructures urbaines, énergétiques, hydrauliques déjà disposées sur les territoires, en fonction de l'action des feux, des processus de recomposition de la faune et de la flore, différentes régions du monde présentent autant de surfaces de projection des mutations du système-Terre. Des régions transformées à l'extrême, comme la Californie dont parle l'historien Mike Davis (*Au-delà de Blade Runner*, Allia, 2006) ou la vallée du Gange que raconte Amitav Ghosh (*Le Grand dérangement,* Wildproject, 2021), ne sont déjà habitables qu'avec le soutien de vastes réseaux qui assurent le contrôle des feux, l'approvisionnement en eau, la gestion des aléas météorologiques et, plus trivialement, le confinement des animaux sauvages aux portes des villes.

Les modifications lentes et graduelles du climat se traduisent dans ces milieux par des bouleversements abrupts et difficilement prévisibles, en rupture avec l'ordre temporel que la modernité avait tenté d'instaurer, dominé par la répétition standardisée d'évènements contrôlables.

· 4 ·

Ce rapide panorama tranche avec l'uniformité et la prévisibilité économique du monde contemporain, que l'on décrit souvent pour les déplorer. Elles ne sont pourtant pas entièrement fictives. La plupart des formes politiques en place à travers le monde ont cela de commun qu'elles trouvent leur légitimité dans leur capacité à fabriquer de la croissance, c'est-à-dire une extension continue de la sphère des échanges économiques, et inévitablement de l'extraction des ressources. Par-delà les différences entre compromis sociaux existants, le pouvoir politique se perpétue et rend des comptes à sa population en garantissant un horizon temporel ouvert, positif. Le mode de production capitaliste est ainsi enchâssé dans un schéma historique où prévaut l'amélioration conjointe des conditions matérielles et politiques, exprimée de façon plus ou moins triomphaliste par la démonstration culturelle de signes extérieurs de réussite.

Ce processus de modernisation a pris récemment une tournure plus défensive que conquérante, au moins dans le monde euro-américain. Comme j'ai essayé de le montrer dans *Abondance et liberté* (La Découverte, 2020), la conversion des bénéfices matériels de la croissance en bénéfices politiques (garanties des libertés publiques, de l'égalité sociale, de la sécurité) est de plus en plus contestée, sans pourtant qu'un autre régime de production et de légitimité démocratique n'apparaisse. Si ce modèle est sur la défensive, comme en témoigne le recours de plus en plus fréquent des forces auto-désignées comme « progressistes » au lexique de la pensée conservatrice, il n'en est pas moins solidement ancré dans les mécanismes institutionnels qui régissent les démocraties libérales, mais aussi les nations « développementalistes » issues du processus de décolonisation.

· 5 ·

Or l'épuisement progressif de ce processus historique, qui avait agrégé autour de lui l'essentiel des énergies politiques depuis le XVIIIe siècle, provoque l'émergence de la Terre comme motif central de réélaboration normative, scientifique et sociale. Ce modèle avait misé sur l'uniformisation de procédures économiques, administratives et technologiques ayant vocation à créer l'espace institutionnel et matériel au sein duquel la liberté et l'émancipation devaient pouvoir se loger. Mais les risques et les pressions écologiques suscités par cette dynamique ont fini par rendre impossible le processus de conquête de cette liberté. De quoi nous interroger sur les liens entre Terre et pouvoir dont nous sommes les héritiers : non seulement notre mode de production est en jeu, mais aussi nos modes de légitimation politiques et l'objectif même des luttes contestataires.

L'INCERTITUDE CLIMATIQUE ET ÉCOLOGIQUE FAIT QUE LES PROCÉDURES DE CONSTRUCTION DU MONDE ET DE LÉGITIMATION DU POUVOIR NE POURRONT PLUS REPOSER SUR LES MÊMES BASES QU'AUPARAVANT.

Au cours des derniers siècles, la consolidation du pouvoir politique a massivement reposé sur la capacité à poser un cadre technique et juridique garantissant l'exploitation des ressources, à commencer par les ressources énergétiques du sous-sol. Il semble désormais que s'ouvre devant nous un horizon dans lequel le pouvoir politique ne pourra s'exercer et se perpétuer que s'il parvient à maintenir les conditions de la paix et de la sécurité dans un monde où se multiplient les événements écologiques imprévus, avec leur cortège de conséquences sociales.

L'analogie avec la période de l'après-guerre est à cet égard instructive. Après la catastrophe qu'a été ce déploiement inouï de violence organisée à l'échelle du monde, l'ordre international et économique s'est reconstruit sur les bases posées au XIXe siècle. Un capitalisme discipliné par l'État-providence, un monde socialiste structuré par le plan et l'État total, un processus de reconnaissance des

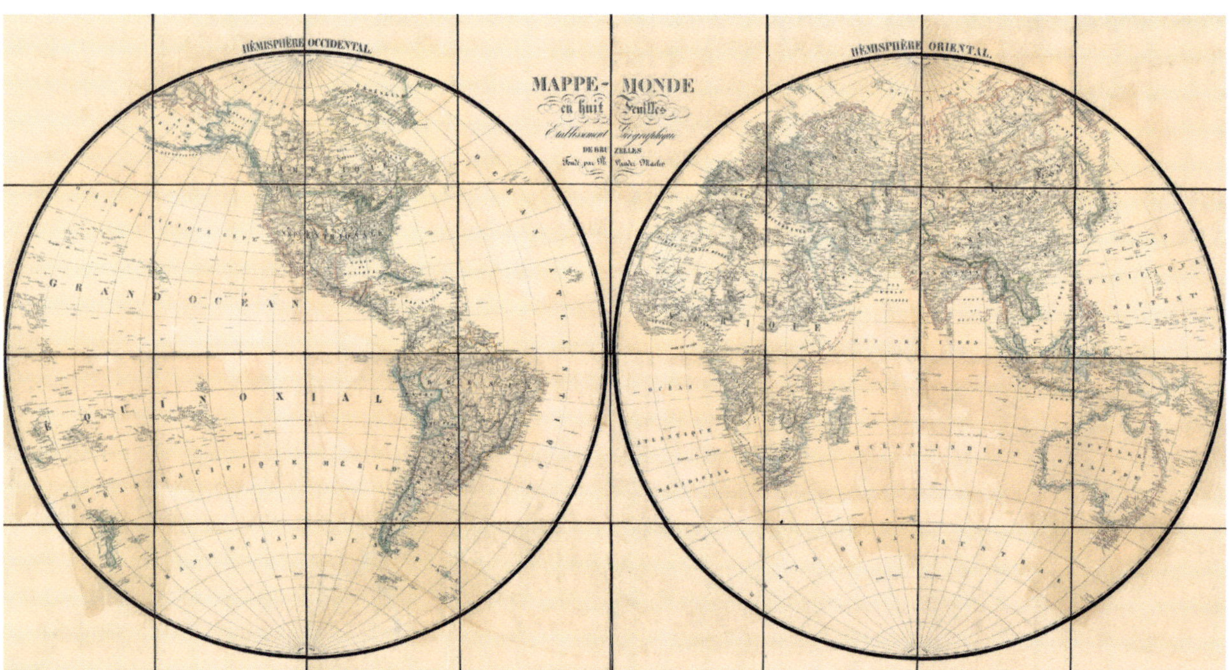

Mappe-Monde en huit feuilles, Philippe Vandermaelen, Établissement géographique de Bruxelles, Bruxelles, 1831

nations formellement affranchies des tutelles impériales, le tout subordonné au culte du progrès par la science. Le nouveau monde était en fait l'ancien, revu et corrigé. Par contraste, la renégociation des formes politiques ajustées à l'enjeu planétaire ne pourra pas prendre la forme d'un *statu quo ante bellum* – tout simplement parce que le terrain de jeu n'est plus le même. L'incertitude climatique et écologique fait que les procédures de construction du monde et de légitimation du pouvoir ne pourront plus reposer sur les mêmes bases qu'auparavant. L'ampleur des destructions et déstabilisations irréversibles déjà enregistrées par le système-Terre n'offre plus la possibilité d'un redémarrage sur les mêmes principes. Il semble donc peu probable que l'on puisse, comme cela avait été le cas en 1945, perpétuer l'ordre social et politique grâce à une version améliorée et sécurisée des mêmes schémas politiques.

On peut d'ailleurs y voir l'opportunité inédite d'en finir pour de bon avec le mode de production capitaliste et le type de stratification sociale qu'il impose. Mais les nouvelles formes de pouvoir qui se profilent avec l'impératif climatique et écologique ne seront pas mécaniquement plus justes et plus émancipatrices que celles qui prévalent aujourd'hui : la porte est ouverte, et de nombreux projets politiques tentent de s'y engouffrer.

· 6 ·

La redécouverte de la planète à laquelle nous sommes contraints est donc une invitation à reconsidérer l'histoire et le présent des relations entre le pouvoir et la Terre. Je voudrais faire ici l'hypothèse que ces relations se déploient simultanément selon deux dimensions qui ne se recoupent pas totalement, mais que nous sommes pour ainsi dire condamnés à faire tenir ensemble.

La Terre est d'abord le socle matériel de nos subsistances, et comme telle, elle fait l'objet de stratégies de compétition et de coopération pour l'accès aux ressources. Elle est parallèlement un agencement de territoires marqués par des sentiments d'affiliation, de mémoire, voire d'identification individuelle ou collective. Appelons cela le système de subsistance et le système d'appartenance.

Chacune de ces deux relations, en outre, peut s'exprimer de manière positive ou négative. Dans le premier cas, on navigue dans une polarité entre le commun et le privé, entre l'inclusion et l'exclusion : des demandes de protection de l'accumulation individuelle (la propriété privée) et des demandes contraires visant à maintenir des droits d'accès et d'usage collectivement administrés (la propriété sociale) cohabitent et doivent être arbitrés par la puissance publique. Dans le second cas, on peut opposer un principe d'appartenance défini par l'ancienneté de l'occupation, par la possibilité d'établir des frontières excluantes, à un principe d'affiliation universelle des personnes à la Terre, qui fait de la mobilité dans l'espace une caractéristique première de la condition politique.

N'importe quelle société humaine éprouve certainement ces dualités, mais les communautés politiques modernes s'y sont trouvées confrontées de façon exacerbée en raison de l'économie politique capitaliste et de l'idéal national.

Comme l'avaient bien vu des auteurs aussi différents qu'Aimé Césaire et Hannah Arendt, l'impérialisme (qui organise l'expansion du capital à l'échelle du monde sous l'égide de nations missionnaires) et les idéologies raciales (qui naturalisent les inégalités parmi les humains, et donc les procédures d'exclusion) ont été les fruits toxiques de la dynamique moderne d'occupation de la Terre.

Les considérations politiques liées au bon usage de la Terre confondent très souvent ces deux dimensions de l'appartenance planétaire. Le cadre juridique de la citoyenneté, prédominant dans l'État moderne, circonscrit en effet une identité politique qui vous situe quelque part sur le globe et conditionne votre droit à la mobilité, et il va de pair avec l'accès inégal à des droits et devoirs économiques (impôt et protections sociales de santé, chômage, vieillesse) qui sont liés au partage mondial des richesses. Dans le cadre des grandes idéologies politiques modernes, la dimension proprement planétaire de ces mécanismes d'inclusion et d'exclusion était en quelque sorte implicite, mais nous nous apercevons désormais que derrière la géographie politique de la citoyenneté, il y avait l'accès différencié à la Terre.

ON ASSISTE DONC À LA COLLISION ENTRE DEUX MOUVEMENTS CONTRAIRES, QUI POURTANT SE REVENDIQUENT **D'UN MÊME DÉSIR DE RENOUVELLEMENT POLITIQUE.**

· 7 ·

C'est ce qui change avec la montée en puissance de la question écologique, du moins telle qu'on essaie de la définir ici. En supposant qu'elle ne se résume pas à un problème de préservation des espaces naturels ou de protection contre les retombées négatives de l'agir économique, et qu'elle remet en jeu les principes tenus pour acquis de l'occupation du monde.

Traditionnellement, les conflits politiques s'organisent autour des réponses apportées à la question de l'universel : on lutte pour imposer ou limiter le marché comme vecteur de constitution d'une société civile globale et d'allocation des richesses, pour imposer ou limiter l'hégémonie d'une puissance politique capable de définir les conditions de la paix, pour faire sa place au droit des peuples à l'auto-détermination. À chaque fois, d'une manière ou d'une autre, le pouvoir s'articule à la Terre en tant que ressource et territoire, dans une perspective universaliste.

La question écologique, pour la première fois sans doute, fait de cette articulation l'enjeu explicite des luttes politiques et sociales. Mais elle soulève des difficultés, des contradictions internes qui font obstacle à la construction et à la mise en place d'une pensée politique sociale-écologique. D'un côté, la réflexion économique issue de la critique marxiste assimile le mouvement de globalisation des échanges à un accroissement des dynamiques d'exploitation : la division mondiale du travail est perçue, à juste titre, comme une façon de tirer profit des inégalités de développement pour accroître les profits du capital. Dans cette perspective, la reconstitution de la souveraineté nationale contre le marché et les circuits financiers, voire d'un protectionnisme basé sur l'ordre frontalier issu des guerres du XXe siècle, apparaissent comme des leviers de protection contre une mondialisation jugée pathologique.

Mais de l'autre côté se constitue une autre forme de globalité, dont les promoteurs sont à la fois les milieux scientifiques, qui ont besoin de souligner l'interdépendance généralisée des mutations écologiques et climatiques, mais aussi les héritiers d'un cosmopolitisme d'inspiration libérale faisant primer le droit d'hospitalité universelle, pour reprendre les termes de Kant, sur la citoyenneté exclusive des États-nations. Dans ce cadre, la référence à la Terre prend une signification plus positive, mais pas nécessairement idéaliste ou utopique : elle prend acte d'une planétarisation effective des réseaux de circulation des savoirs et de personnes, eux-mêmes inscrits dans des rapports de pouvoir internationaux.

· 8 ·

On assiste donc à la collision entre deux mouvements contraires, qui pourtant se revendiquent d'un même désir de renouvellement politique. D'un côté, un mouvement de limitation des circuits du capital et de « relocalisation », pour employer un terme désormais courant, qui trouve dans l'ordre frontalier (et donc dans une forme d'exclusion) un allié de circonstance – rappelons qu'il est totalement contingent et sans aucune pertinence écologique, car il y a des États trop petits pour subsister par eux-mêmes et d'autres si grands qu'ils sont des empires. De l'autre côté, un mouvement qui veut enregistrer la dimension planétaire de la crise en abandonnant l'idée que la protection de la société doit être la protection d'*une* société (contre les autres). La signification de l'universel, de la souveraineté, et plus largement du degré d'ouverture ou de fermeture donné aux systèmes de subsistance et d'appartenance, est ainsi mise en tension par ces deux mouvements, complémentaires et à d'autres égards inconciliables.

La redécouverte de la Terre comme sujet politique contemporain dépend donc d'un ajustement mutuel de ces deux tendances, sans lequel aucune perspective de prise en main de notre destin collectif ne peut véritablement être envisagée. ^

« C'est l'insécurité climatique qui apparaît aujourd'hui comme la modalité principale d'unification des expériences politiques en différents points du globe. »

Abondance et liberté – Une histoire environnementale des idées politiques, La Découverte, 2020

+ 9 cm
Élévation du niveau moyen des mers entre 1993 et 2019

+ 67 %
Évolution des émissions mondiales de CO_2 fossile entre 1990 et 2018

DÉFICIT ET RÉSERVE DE BIOCAPACITÉ

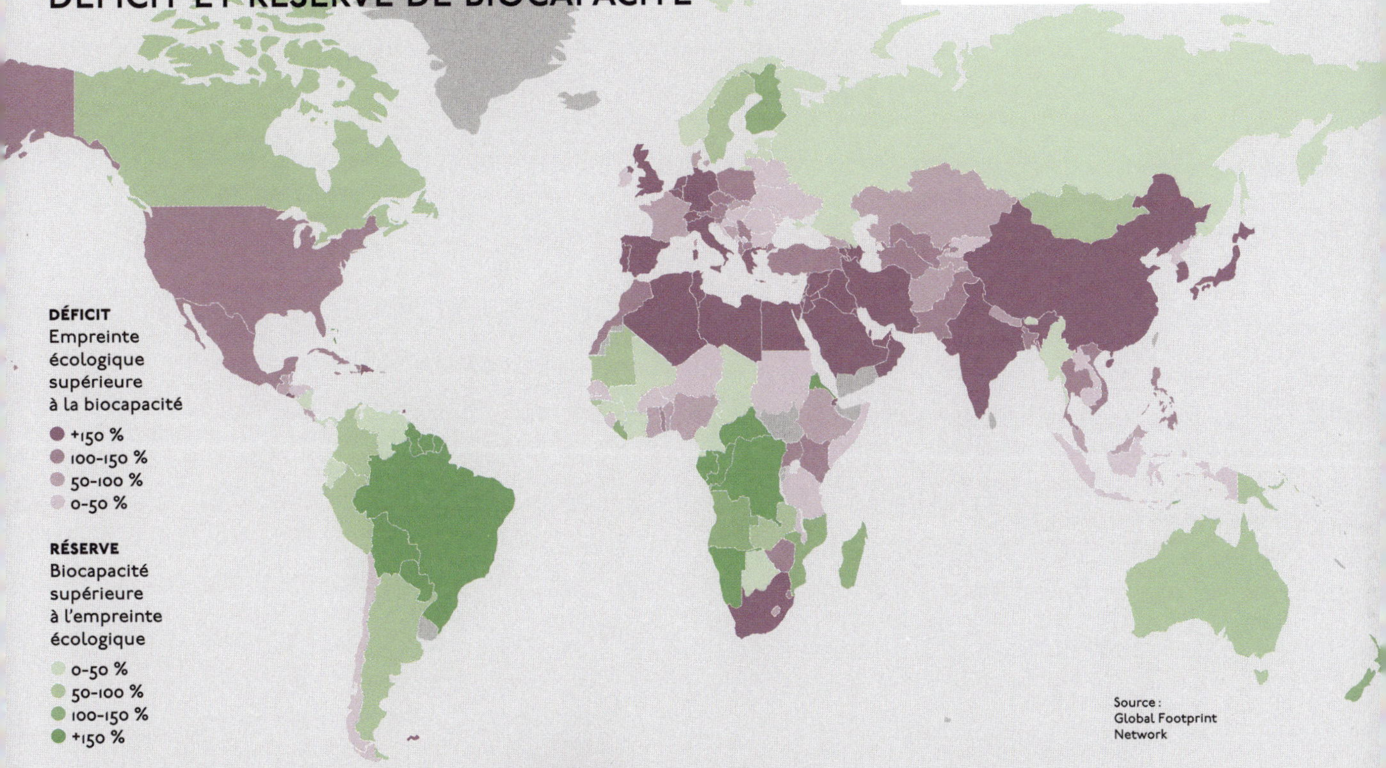

FIGURES MARQUANTES

Kenneth Boulding (1910-1993)
Né à Liverpool, diplômé d'Oxford, naturalisé américain, cet économiste, philosophe interdisciplinaire, militant pacifiste, poète et quaker a écrit près de 40 livres et plus de 100 articles. Célèbre pour deux concepts devenus presque banals, le « vaisseau spatial Terre » et la « grande transition », il a théorisé l'image (The Image: Knowledge of Life in Society, 1956) comme interprétation du monde et soutenu une perspective évolutionniste en économie (Ecodynamics, 1978, et Evolutionary Economics, 1981), qui montre que l'environnement et l'économie sont désormais indissociables.

Hannah Arendt (1906-1975)
Née à Hanovre et morte à New York, Johanna Arendt s'est toujours voulue politologue plutôt que philosophe, position qu'explique peut-être sa proximité jamais reniée avec Martin Heidegger. En 1963, année de la première cosmonaute à être allée dans l'espace, répondant à une question de l'Encyclopædia Britannica : « La conquête de l'espace a-t-elle augmenté ou diminué la stature humaine ? », elle peint une image sombre du futur extra-terrestre, où la société, la perception et le langage risquent de se dissoudre lors d'une « mutation de la nature humaine ». Comme chez Heidegger, « l'homme organisé techniquement » y détruirait entièrement sa « stature ».

Amitav Ghosh (1956-)
Né à Calcutta, devenu professeur à New York, cet écrivain et critique littéraire anglophone s'est fait connaître internationalement par ses romans puissants, souvent inspirés par le post-colonialisme, The Circle of Reason (1986, Les Feux du Bengale, prix Médicis étranger en 1990), The Shadow Lines (1988, prix Sahitya Akademi, le « Goncourt » indien), The Calcutta Chromosome (1995, prix Arthur C. Clarke, meilleur roman britannique SF en 1997), mais aussi par des essais percutants comme The Great Derangement: Climate Change and the Unthinkable (2016), inspiré par la crise climatique.

Gerbes de maïs
et de luzerne, Nebraska,
1905

LA PLANTE DES DIEUX À LA CONQUÊTE DU MONDE

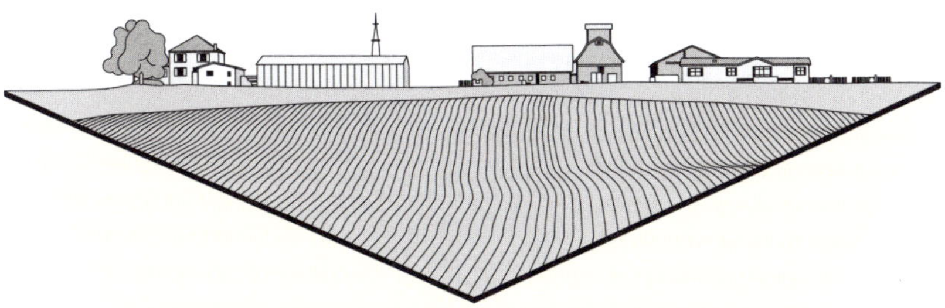

Mise en culture pour la première fois il y a 9 000 ans, une modeste herbe sauvage du sud du Mexique — la téosinte — est aujourd'hui au second rang des plantes alimentaires domestiquées par l'humanité. Mahiz aux grains couleur de lumière, ce cadeau des dieux aux peuples amérindiens s'est épanoui sur toute la planète. Dopé par l'hybridation et les biotechnologies, ce qui le désigne comme cible principale du débat sur les OGM, il est essentiellement consommé par le bétail, mais représente une culture vivrière majeure dans les pays peu développés.

Éric Birlouez
Ingénieur agronome et sociologue de l'alimentation

PAR SA VERTICALITÉ MÊME, LE MAÏS FAISAIT LE LIEN ENTRE LES DEUX ÉNERGIES COSMIQUES DE LA TERRE ET DU CIEL.

UN JOUR, LES DIEUX DÉCIDENT DE CRÉER LE MONDE : du néant, ils font surgir la Terre avec ses océans et ses montagnes, ses plaines et ses fleuves, sa végétation et ses animaux. Puis l'idée leur vient de peupler la planète d'humains qui pourront les adorer. Les divinités tentent de les modeler à partir d'argile fraîche, mais les hommes ainsi façonnés sont aveugles et dépourvus de conscience. Trop mous, ils ne peuvent tenir debout et, au fil du temps, l'humidité les ronge. Ce premier essai est un véritable échec… Les dieux utilisent alors du bois pour construire un homme et des roseaux pour fabriquer une femme. Mais l'un et l'autre sont frivoles, arrogants et paresseux, et ils ne se souviennent pas de leurs créateurs. Ceux-ci provoquent alors un déluge afin de faire disparaître ces œuvres imparfaites. Quelques mortels parviennent toutefois à échapper à la catastrophe et donnent naissance à la lignée des singes… La troisième tentative est la bonne : les dieux pétrissent quatre hommes et quatre femmes à partir de farine de maïs jaune et blanc. Les nouveaux humains font preuve d'une très grande sagesse… Mais ces qualités inquiètent leurs « inventeurs » qui redoutent la compétition. Pour écarter ce risque, ils soufflent de la vapeur dans les yeux de leurs créatures pour embrumer leur esprit et limiter leurs sens et leur intelligence…

DIVINS ÉPIS

C'est ainsi qu'à partir d'une plante, le maïs, les dieux donnèrent naissance à la race humaine et, en premier, au peuple *quiché*. Apparentée à la civilisation maya, cette ethnie établie au sud de la péninsule du Yucatán (actuel Guatemala) a relaté dans son livre sacré, le *Popol Vuh*, ce récit de la création du monde et du genre humain.

Un autre mythe maya raconte comment les hommes ont eux-mêmes découvert le maïs… Un jour, le renard leur révèle que les fourmis ont aperçu cette céréale cachée sous une montagne. Les Mayas demandent alors à Chac, le dieu de la pluie, de les aider. Ce dernier envoie la foudre fendre la montagne. Une partie du maïs enfoui devient noire à cause de la fumée dégagée, une autre partie prend la couleur rouge du feu. Le maïs n'ayant reçu qu'une petite quantité de chaleur devient jaune tandis que celui qui n'a pas été touché par l'éclair reste blanc.

Les « hommes du maïs » – telle est la signification du mot *maya* – voyaient dans cette céréale l'union et l'équilibre entre la force ascendante du feu et l'énergie descendante de la pluie. Par sa verticalité même, le maïs faisait le lien entre les deux énergies cosmiques de la terre et du ciel. Les aristocrates mayas allaient jusqu'à déformer le crâne de leurs nourrissons pour qu'il prenne la forme oblongue d'un épi (à l'image de Yum Kaax, dieu du maïs). Lors de rituels spectaculaires, des animaux et des humains – dont des enfants – étaient sacrifiés sur l'autel de Chac pour qu'il n'oublie pas d'arroser les cultures. Régulièrement, les plus beaux épis de maïs étaient offerts aux divinités et on en plaçait sur les tombes des défunts : récupérés après les cérémonies, leurs grains étaient utilisés comme semences pour les cultures. Cette « sélection » favorisait l'amélioration génétique de la plante et le développement de variétés de plus en plus productives.

Ensilage du maïs par les Aztèques, Codex de Florence, fin XVIe siècle

LES CIVILISATIONS DU MAÏS

Le maïs n'était pas seulement omniprésent dans les croyances de la longue et brillante civilisation maya. La plupart des autres peuples de l'Amérique précolombienne – Olmèques, Huaxtèques, Toltèques, Aztèques, Incas, Iroquois, etc. – ont, eux aussi, considéré cette plante nourricière comme un cadeau des dieux et l'ont même souvent élevée au rang de divinité. Ainsi, dans la mythologie inca, la déesse du maïs se nomme Saramama, littéralement « mère du maïs ». Lors de la grande fête du Soleil qui se tenait à Cuzco, capitale de l'empire, un pain de maïs sacré était rituellement consommé par les prêtres. Chez les Aztèques du Mexique, Centeotl, déesse du maïs, a quatre fils : chacun d'eux est associé à l'une des quatre couleurs des grains (blanc, jaune, rouge ou noir). À leurs dieux les plus importants, les Aztèques offrent du maïs et ils ensevelissent leurs défunts avec des épis pour les accompagner dans leur ultime voyage. Un mythe aztèque fait écho au récit maya évoqué plus haut : il raconte que le dieu Quetzalcoatl s'est transformé en fourmi noire pour suivre une fourmi rouge jusqu'à la cache du maïs. Parvenu à destination, il sollicite l'aide de la divinité de l'eau pour ouvrir la montagne et accéder au trésor.

Au nord du continent, les indiens Navajos croyaient que le maïs leur avait été apporté par une dinde descendue du ciel, tandis que les Creeks affirmaient que la plante leur était parvenue fichée dans l'oreille d'un corbeau. Les indiens Hopis de l'Arizona accordaient eux aussi une place très importante au maïs. Ils ont sélectionné un célèbre maïs « bleu » capable de pousser en zone aride : c'est aujourd'hui l'ingrédient principal des tortillas, chips et corn-flakes de couleur bleue vendus aux États-Unis.

Pour ces peuples des Amériques, le maïs représentait donc bien plus qu'une plante alimentaire. Symbole de vie, de procréation et de fertilité, la céréale s'enracinait dans leur culture et jouait parfois un rôle central dans leur vision des origines du monde ou de leur communauté. À l'instar du blé, du riz et du mil sur les autres continents, la culture du maïs a permis l'émergence et l'essor des civilisations précolombiennes, et notamment des puissants empires fondés par les Mayas, les Aztèques et les Incas. Outre son grand intérêt nutritif, le maïs présente en effet deux atouts majeurs. D'abord, il pousse rapidement : les cultivateurs disposent donc de temps pour participer aux guerres de conquête et édifier de puissantes cités aux monuments impressionnants, telles Cuzco au Pérou ou Tenochtitlan au Mexique. Ensuite, en année normale, le maïs permet de dégager d'importants excédents alimentaires qui, vendus ou échangés, fournissent des richesses investies dans la construction de villes, de temples et de bâtiments publics, de routes et de ponts.

L'empire aztèque (Mexique central) a ainsi pu s'épanouir grâce à sa capacité à produire de grandes quantités de maïs. Il y est parvenu en mettant en œuvre des techniques agricoles perfectionnées : fertilisation du sol au moyen de cendres, utilisation de variétés parvenant à maturité à des moments différents (ce qui permettait d'étaler les récoltes dans le temps), prégermination des semences de maïs avant leur semis en ligne, construction de terrasses sur les pentes abruptes, mise au point de systèmes sophistiqués d'irrigation, soin méticuleux apporté au désherbage et à l'effarouchement des oiseaux, etc. Mais si la plante divinisée a favorisé la naissance et l'essor de la civilisation aztèque, n'aurait-elle pas également provoqué sa chute ? Certains auteurs ont formulé l'hypothèse selon laquelle, parmi les légendes aztèques, figurait celle du maïs offert par un dieu blond et barbu, qui avait promis aux hommes de revenir un jour sur Terre. Le puissant personnage (Hernán Cortés) qui se présenta aux Aztèques un jour de 1519, protégé par une armure étincelante et juché sur une monture inconnue, n'était-il pas ce dieu ? En réalité, bien d'autres facteurs que cette sidération initiale ont conduit à l'effondrement de l'empire de Moctezuma…

UNE GRAMINÉE MIGRANTE

L'origine botanique du maïs a longtemps fait débat parmi les scientifiques. Grâce aux récentes découvertes archéologiques et génétiques, l'énigme est résolue : la « plante des dieux » est née dans la moyenne vallée du Río Balsas, au sud de Mexico. Plus précisément, le maïs cultivé (*Zea mays*) est issu de la domestication, initiée il y a 9 000 ans, d'une graminée sauvage : la téosinte. Cette plante, toujours présente localement, a un aspect très différent de celui du maïs moderne même si elle appartient à la même espèce. Elle présente en effet un port buissonnant et ses nombreux épis, formés de sept ou huit petits grains, ne mesurent que 2 à 3 cm de long (contre jusqu'à 30 cm et 600 grains pour le maïs actuel). Par ailleurs, les grains de téosinte sont entourés d'une enveloppe (ou cupule) épaisse et ils tombent naturellement sur le sol lorsqu'ils sont parvenus à maturité. Pour la plante sauvage, ces caractéristiques constituent des avantages : la cupule protège le grain des insectes et des maladies, tandis que la brisure spontanée de l'épi mûr disperse les graines sur le sol dans lequel elles pourront germer. Mais pour les premiers cultivateurs, ces caractères présentaient quelques inconvénients : difficultés de récolte, de broyage et de digestion des grains. C'est pourquoi la sélection empirique qu'ils ont opérée n'a pas seulement consisté à choisir les épis présentant des grains nombreux et de grande taille pour les utiliser comme futures semences. Elle a également privilégié ceux qui, parmi tous les épis récoltés, portaient des grains dépourvus de cupule et solidement attachés à l'épi.

À partir de leur berceau mexicain, les premiers maïs vont suivre les migrations des hommes. Ils quittent leurs vallées montagneuses pour conquérir toute la Méso-Amérique (le reste du Mexique, le Yucatán, les Caraïbes). Puis ils gagnent le sud du continent : il y a 5 000 ans, du maïs était déjà cultivé dans certaines vallées de l'Altiplano péruvien à 2 600 m d'altitude. Vers l'an 500, certaines ethnies parviennent à acclimater le maïs dans les régions tempérées de l'Amérique du Nord, loin de la zone tropicale où il est né. Cette conquête de nouveaux milieux manifeste l'extraordinaire souplesse d'adaptation du maïs. Au fil des millénaires suivants et de l'introduction progressive de la céréale dans de nouveaux territoires, l'homme va créer des milliers de variétés aux aspects, couleurs et goûts extrêmement variés.

LA GRAINE SE MONDIALISE

Lorsqu'en 1492, au cours de son premier voyage vers le Nouveau Monde, Christophe Colomb pose le pied sur l'île de Cuba, il y découvre une plante qui lui est inconnue. Dans son journal de bord, l'« Amiral de la mer océane » note que « la terre [y] est très fertile. Elle produit en grande quantité une graine appelée par eux [les indiens Arawaks] mahiz qui, cuite, a une très bonne saveur de même que rôtie ».

Les conquérants espagnols assimilent spontanément le maïs au froment, la plus noble de leurs céréales, ce qui confère d'emblée un certain prestige à la plante américaine. Ils la décrivent comme « *un blé gigantesque, aux longues feuilles lisses, à la tige élégante et aux graines dorées.* » Lors du voyage de retour, le maïs est débarqué aux Açores où il est mis en culture. Peu de temps après, il parvient sur le Vieux Continent. Dès la fin du XVe siècle, les paysans d'Andalousie et ceux de la région de Coimbra au Portugal cultivent le « blé d'Inde ». Colomb, on le sait, croyait y avoir accosté, d'où les appellations d'autres découvertes comme le cochon d'Inde, la poule d'Inde (la dinde) ou l'œillet d'Inde...

Au moment de sa découverte par les conquistadors, le maïs s'était depuis longtemps répandu sur une grande partie du continent américain, depuis le centre du Chili jusqu'au fleuve Saint-Laurent. En 1520, le Portugais Magellan rencontre le maïs à Rio de Janeiro, et en 1535, Jacques Cartier note qu'il est cultivé par les Iroquois, dans un lieu où sera bâtie Montréal.

À partir de la péninsule ibérique, le maïs en provenance des Caraïbes atteint rapidement le sud-ouest de la France (on le trouve dans le Pays basque et le Béarn dès le début du XVIe siècle). Il gagne l'Italie du Nord, les Balkans et la Turquie avant de s'étendre dans tout le bassin méditerranéen et de pénétrer dans d'autres régions françaises (sous le nom de « blé de Turquie »). Les variétés découvertes par Jacques Cartier au nord-est du continent américain permettent l'acclimatation du maïs dans les régions tempérées du nord de l'Europe dès le milieu des années 1530. Contournant le continent africain, la route des Indes ouverte par Vasco de Gama en 1498 permet aux Portugais d'introduire le maïs sur les îles et les côtes africaines ainsi qu'en Inde (la vraie), en Chine et en Indonésie. Les Arabes diffuseront eux aussi le maïs en Afrique orientale et en Asie de l'ouest et du sud.

En France, le maïs exotique ne supplante pas le blé et les autres céréales : seigle, orge, avoine... Le froment, symbole de richesse, ne se laisse pas si facilement détrôner. Le nouveau venu est majoritairement semé sur les jachères pour fournir du fourrage aux animaux. Lorsque les paysans désirent produire le maïs pour eux-mêmes (notamment pour compenser une mauvaise récolte de blé), ils choisissent de le cultiver dans leur potager, c'est-à-dire sur une petite surface... ce qui leur permet d'échapper au paiement de la dîme et autres redevances dues aux ecclésiastiques et seigneurs locaux. Mais cette règle connaît une exception : dans les sols pauvres du Sud-Ouest, là où ne poussent vraiment bien que le millet, le sorgho et le panic, le maïs va progressivement remplacer ces céréales cultivées en plein champ. Dans un premier temps, les paysans locaux lui donneront le nom de « gros millet » ou encore de « millet d'Espagne ». Afin de promouvoir la culture du maïs à grande échelle sur l'ensemble du territoire, Antoine-Augustin Parmentier, célèbre pour sa croisade en faveur de la pomme de terre, présente en 1784 un mémoire devant l'Académie royale de Bordeaux. Soulignant tous les points positifs de la

PARMI CES POPULATIONS RÉGIONALES, ON PEUT CITER LE BLANC DORÉ DES LANDES, LE GRAND ROUX BASQUE, LE JAUNE DE BADE, LA MILLETTE DU LAURAGAIS, LE LACAUNE OU LE BUGARD.

culture et de l'utilisation alimentaire du maïs, il affirme que « le blé de Turquie est le grain qui produit le plus de nourriture à l'homme et aux animaux » et qu'« on ne peut pas refuser au maïs d'être, après la pomme de terre, le plus utile présent que le Nouveau Monde fait à l'Ancien ». Utilisées pour l'alimentation humaine (sous forme de bouillies et de galettes) et pour celle des animaux de la ferme (porcs et volailles), des centaines de variétés « de pays », adaptées à chaque terroir, voient alors le jour. Parmi ces populations régionales, on peut citer le blanc doré des Landes, le grand roux basque, le jaune de Bade, la millette du Lauragais, le Lacaune ou le Bugard…

À l'échelle du monde, le maïs est toujours très présent sur le continent américain (États-Unis, Brésil, Argentine) ainsi qu'en Asie (la Chine en est le 2e producteur mondial). Grâce à son incroyable adaptabilité, il peut être cultivé dans des régions semi-arides comme sous des climats très humides. En quantité de grains récoltés, c'est de loin la première céréale produite dans le monde (et la deuxième plante derrière la canne à sucre) : à lui seul, le maïs représentait 42 % de la production céréalière mondiale en 2019-2020, devant le blé (29 %) et le riz (19 %). La France, premier producteur européen de maïs grain, en cultive au total plus de 3 millions d'hectares (tous types confondus : grain, fourrage, doux et semence). Semé au printemps, le maïs fleurit pendant l'été et est récolté au début de l'automne. C'est la deuxième céréale produite dans notre pays (18 % du volume total de céréales récolté en 2019) mais il se situe très loin derrière le blé tendre (56 %) et à égalité avec l'orge (19 %). Le Sud-Ouest, l'Alsace, la Bretagne, le Grand-Est et les Pays de la Loire sont les principales régions de production de maïs. La France exporte 40 % de sa production, principalement sur le marché européen. Elle est aussi le 1er producteur européen et le 1er exportateur mondial de maïs semence.

Décorticage du maïs, comté de Grundy, Iowa, octobre 1939

FERTILIZERS
SALES
FEEDS
Wm. F. ELLIS
GRAIN AND MILL FEEDS

ENTRE HYBRIDES ET BIOTECHNOLOGIES

Mise au point aux États-Unis en 1933, la technique de l'hybridation permet d'accroître de façon spectaculaire les rendements du maïs. Les farmers de la *Corn Belt* sèment à tour de bras ces nouvelles variétés, mais il faut attendre 1948 pour que les premières semences hybrides américaines soient introduites en France. En 1957, l'INRA met à la disposition des agriculteurs les semences hybrides précoces qu'il vient de créer : mieux adaptées que leurs homologues américaines aux climats plus froids de la France septentrionale, elles se révèlent encore plus productives. Les paysans français sont séduits par ces variétés nouvelles dont les rendements atteignent, toutes choses égales par ailleurs, le double de leurs variétés locales.

Aujourd'hui, le maïs bénéficie des apports des biotechnologies, mobilisées pour approfondir la connaissance du génome de la plante et pour le transformer par la création d'OGM. Deux types principaux de maïs génétiquement modifié ont été créés : le maïs Bt est issu de l'insertion, dans l'ADN du maïs, de gènes provenant d'une bactérie (*Bacillus thuringiensis*) ayant la capacité de produire une toxine mortelle contre un insecte ravageur, la pyrale. Cette transgénèse permet au maïs de produire lui-même son propre insecticide. Un autre type de maïs OGM est le maïs tolérant à un herbicide (le désormais célèbre glyphosate). L'usage des OGM fait l'objet de vives controverses et contestations, ce qui a conduit la France à interdire sur son territoire la mise en culture de toute semence OGM. Pourtant, notre pays importe des États-Unis et d'Amérique du Sud des semences de maïs génétiquement modifiées (début 2021, une centaine d'OGM, toutes cultures confondues, étaient autorisés en France pour l'alimentation animale et humaine). Parallèlement, de nouvelles techniques apparues ces dernières années telle que Crispr-Cas9 (aussi appelée technique des « ciseaux moléculaires ») font l'objet de travaux d'application au maïs.

Homme pelletant des épis de maïs séchés à travers la fenêtre d'un magasin d'aliments pour animaux, circa 1942

RECETTES POUR TOUS LES GOÛTS

Domestiquée à l'origine pour sa capacité à apporter au corps humain les calories nécessaires à sa survie et à sa croissance (avec 70 % d'amidon et 5 % de lipides, le grain de maïs est une très bonne source d'énergie), la plante américaine représente toujours une culture vivrière majeure dans de nombreux pays économiquement peu développés, notamment en Amérique centrale et du Sud ainsi qu'en Afrique. Outre son apport en calories, le maïs est riche en vitamines B et il apporte des protéines (10 % du poids du grain… et pas de gluten) ainsi que des minéraux (calcium, phosphore).

Lorsque le maïs constitue l'aliment principal de la ration alimentaire, il peut être à l'origine d'une maladie causée par une carence en niacine (ou vitamine B3, anciennement appelée PP). Dans le maïs, cette vitamine est indisponible pour l'organisme car elle se trouve « piégée » par une autre molécule, l'acide phytique. La carence en niacine se traduit par la pellagre, caractérisée par des troubles digestifs, des lésions cutanées (d'où son nom de *pelle agra*, « peau aigre », donné à cette pathologie autrefois répandue en Italie du Nord), et des atteintes du système nerveux pouvant conduire au suicide. En revanche, les Indiens d'Amérique ne présentaient pas cette maladie. Ils avaient inventé un procédé culinaire salvateur : avant d'être moulus pour fournir la pâte des tortillas, les grains de maïs étaient mis à bouillir dans de l'eau additionnée de chaux. Cette technique détruisait les molécules qui empêchaient l'absorption, par l'organisme, de l'indispensable vitamine B3.

Sur le continent américain, le maïs est consommé depuis des millénaires sous forme d'épis ou de grains entiers, ainsi que sous forme de produits transformés : pain de maïs, bouillies, pâtes ou galettes cuites (tortillas,

LA CEINTURE DE MAÏS

Les États-Unis sont le premier producteur, le premier consommateur et le premier exportateur de maïs au monde. Près de la moitié de la production américaine de maïs grain est réalisée dans la Corn Belt. En forme de croissant, cette région du Midwest située sous les Grands Lacs s'étend, pour sa partie centrale, sur quatre états : l'Iowa, l'Indiana, l'Illinois et l'Ohio. Dans ces territoires peu urbanisés, au climat continental humide et aux sols très fertiles, les champs s'étendent à perte de vue et leurs rendements sont très élevés. Le soja est l'autre grande culture de la région, d'où son nom actuel de Corn-Soy Belt. Le couple maïs-soja constitue en effet la base de la ration alimentaire des bovins élevés de manière intensive. Des images satellites réalisées au début des années 2010 ont montré que durant le mois de juillet, l'activité photosynthétique de la Corn Belt (captation de CO_2 atmosphérique et rejet d'oxygène) dépassait de 40 % celle de toute de l'Amazonie !

tacos, enchiladas et tamales mexicains). Le maïs entre également dans la fabrication de boissons non fermentées et de bières peu alcoolisées. Le ferment de la chicha péruvienne était autrefois apporté par la salive : les grains étaient mâchés (par les « improductifs » vieillards et infirmes), puis la bouillie obtenue était mélangée à de l'eau chaude avant d'être versée dans des jarres. Celles-ci étaient scellées et enterrées pour les mettre à l'abri de l'air et les garder à une température constante.

En France, aujourd'hui, le maïs est peu consommé à l'état brut : si l'épi grillé sur le barbecue estival demeure anecdotique, l'utilisation de grains de maïs dans les salades hisse ce dernier au rang de 5e « légume » le plus consommé. Ce maïs doux est une variété particulière présentant une teneur élevée en glucides et récoltée avant maturité complète, lorsque les grains sont encore laiteux. En France, 20 000 hectares de ce maïs « sucré » sont cultivés chaque année, principalement dans le Sud-Ouest. Parallèlement, quelques usages alimentaires traditionnels persistent : dans la Bresse, les gaudes sont fabriquées à partir de bouillie de farine de maïs grillée, et la polenta est encore courante dans le Languedoc et la Gascogne sous le nom occitan de *milhàs*.

Enfin, le maïs peut être consommé sous la forme de pop-corn. En France, près de 10 000 hectares de variétés spécifiques de « maïs à éclater » sont cultivés par 400 producteurs situés en Charente-Maritime et dans le Gers. Sur ce marché de niche, notre pays a conquis la première place européenne. Ce produit emblématique de la culture alimentaire états-unienne est en réalité très ancien et a été inventé par les « Indiens » du Mexique.

Outre ses usages traditionnels, le maïs entre également dans la fabrication de très nombreux produits alimentaires transformés par l'industrie. Une étape préalable dite de « première transformation » est le plus souvent nécessaire. On peut distinguer plusieurs filières... L'amidonnerie est l'activité consistant à extraire puis à valoriser ou à transformer (en sucres, par exemple) l'amidon contenu dans le grain. Celui-ci est utilisé tel quel, sous forme d'amidon modifié ou de sucres après « cassure » (hydrolyse) des longues chaînes. Les utilisations de l'amidon ou de ses dérivés, comme le sirop de glucose, sont multiples : soupes, charcuteries, sauces, crèmes glacées, sodas, biscuits, etc. De son côté, la semoulerie moud le grain en semoules destinées à la brasserie (en complément du malt) ou à la fabrication de céréales de petit déjeuner (corn flakes), de biscuits apéritifs, de polenta... D'autres usines produisent, à partir du cœur du grain, une farine blanche qui permet de lier et d'épaissir les sauces et les potages (la célèbre Maïzena). La troisième activité utilisant le maïs comme matière première alimentaire est la distillerie : la fermentation des grains de maïs permet d'obtenir des alcools comme le bourbon, un whisky élaboré dans le Kentucky à partir d'un mélange de grains contenant au entre 51 % et 70 % de maïs, le reste étant du seigle, de l'orge maltée ou du blé. Le goût caractéristique du bourbon résulte de son vieillissement dans des fûts de chêne neufs noircis à la fumée.

ALIMENT POUR LES BÊTES ET POUR L'INDUSTRIE

Quelque 70 % du maïs grain produit dans le monde sont utilisés pour l'alimentation animale (37 % en France). Aliment très énergétique, le maïs est surtout destiné aux volailles (poulets et canards) et aux porcs. Les bovins peuvent également être nourris avec du maïs fourrage, souvent conservé sous forme d'ensilage. L'ensemble de la plante (tiges, feuilles et grains) récoltée précocement est broyé puis tassé et recouvert d'une bâche hermétique : ce fourrage humide se conserve plusieurs mois grâce à la fermentation opérée par des micro-organismes.

En dehors de l'alimentation humaine et animale, le maïs est la matière première de nombreux produits industriels, dans des secteurs variés : pharmacie, papeterie, textile, cosmétique, détergents, etc. À partir de l'amidon extrait du grain, on fabrique des bioplastiques : biodégradables en quelques semaines, ils donnent naissance à des sacs, des emballages ou encore des assiettes, gobelets et couverts jetables. Le maïs est aussi utilisé comme source d'énergie renouvelable, au travers de la production de bioéthanol et de biogaz. Quant à la rafle – la partie centrale de l'épi sur laquelle sont accrochés les grains –, elle sert à fabriquer des litières pour animaux, des matériaux pour l'isolation thermique ou phonique, des composés pour le polissage des métaux. Dotée d'un pouvoir calorifique intéressant, elle peut même être utilisée comme chauffage ou combustible pour le barbecue dont la grille accueillera les beaux épis dorés.

En créant le maïs, les dieux du Mexique ne pouvaient imaginer le succès terrestre que connaîtrait cette plante, et encore moins ses révolutions techniques, parfois sources de controverses. Est-ce leur esprit ou leur souvenir qui a inspiré le décret du gouvernement mexicain, entré en vigueur le 1er janvier 2021, d'interdire totalement, d'ici 2024, toute importation de maïs génétiquement modifié ? Et de bannir, dans le même élan, tout recours au glyphosate ?

13 millions de tonnes de maïs grain produits en France entre 2019-2020

200 millions d'hectares de maïs récoltés dans le monde en 2019

PRINCIPAUX PRODUCTEURS

(en 2019, en millions de tonnes, source FAO)

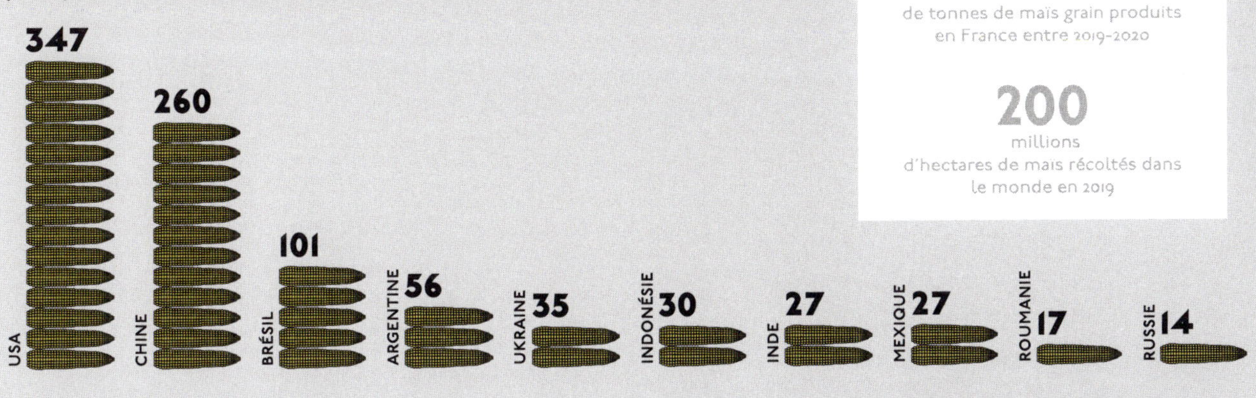

CHRONOLOGIE

1 — -7 000 ans : la téosinte mise en culture au sud de Mexico diffuse le *Zea mays* dans toute la Mésoamérique

2 — -5 000 ans : le maïs gagne le sud du continent

3 — 500 : il est acclimaté dans les régions tempérées de l'Amérique du Nord

4 — 1492 : Christophe Colomb découvre à Cuba la graine mahiz, qui se répand depuis le centre du Chili jusqu'au fleuve Saint-Laurent

5 — 1493-1496 : depuis les Açores, le maïs parvient en Andalousie et dans la région de Coimbra au Portugal

6 — 1498 : il est introduit sur les côtes africaines et en Asie de l'Ouest et du Sud

7 — début du XVIe siècle : le maïs s'implante dans le Sud-Ouest de la France, en Italie du Nord, dans les Balkans et en Turquie

8 — 1520 : Magellan découvre le maïs à Rio de Janeiro

9 — 1535 : Jacques Cartier découvre le maïs cultivé par les Iroquois

10 — 1933 : l'hybridation qui augmente les rendements est adoptée par la Corn Belt

11 — 1948 : les premières semences hybrides sont introduites en France

12 — 1957 : l'INRA distribue des semences hybrides précoces

13 — 2019-2020 : le maïs représente 42 % de la production céréalière mondiale

14 — 1er janvier 2021 : le gouvernement mexicain interdit sous trois ans toute importation de maïs génétiquement modifié

DE L'ÉPI DES DIEUX AU ROI DES ÉPIS

Des formes sauvages de *Zea mays* présentes au Mexique, la sous-espèce *parviglumis* (« petite enveloppe ») est le véritable ancêtre du maïs moderne, comme le généticien botaniste John Doebley l'a montré dans les années 1970. Elle pousse toujours librement entre 400 m et 1 800 m d'altitude dans la région du Río Balsas, de Oaxaca à Jalisco, où les fouilles archéologiques montrent le développement d'une agriculture au moins 5 000 ans avant notre ère. La différence fondamentale de la téosinte (du nahuatl *tēotl*, « dieu », et *cintli*, « épi ») avec sa descendance est que le tallage originel, la formation de touffes, a été inhibé pour ne laisser place qu'à une seule tige et un seul épi, portant un nombre très élevé de grains. Mais pourquoi les Amérindiens de ces temps lointains s'intéressaient-ils à une plante aux grains si rares et coriaces ? Ses tiges étaient riches en sucres et produisaient de l'alcool…

À LIRE

- Miguel Ángel Asturias, Hommes de maïs, Albin Michel, [1949], 1967
- Thomas Tryon, La Fête du maïs, Albin Michel, [1973], 1974
- Stephen King, « Les Enfants du maïs », Danse macabre, J'ai lu, [1978], 1999
- Joyce Carol Oates, La Princesse-Maïs et autres cauchemars, Points, [2011], 2018
- Sylvie Brunel, Géographie amoureuse du maïs, JC Lattès, 2012
- Michael Blake, Maize for the Gods, First Édition, 2015

À VOIR

- North by Northwest, Alfred Hitchcock, 1959
- Children of the Corn, Fritz Kiersch, 1985
- Witness, Peter Weir, 1985
- Signs, M. Night Shyamalan, 2002
- Big Fish, Tim Burton, 2003
- Corn, Dave Silver, 2004
- Lovely Bones, Peter Jackson, 2009

Quartz fumé,
Northampton, Australie-Occidentale

Marcasite,
Mine de Goongewa, Kimberley,
Australie-Occidentale

Pyrolusite,
Mine Woodie Woodie, Pilbara,
Australie-Occidentale

Cuivre natif sur matrice,
Mine DeGrussa, Australie occidentale

Nodule de chrysocolle et azurite,
Mine DeGrussa, Australie-Occidentale

Or et gypse,
Lac Yindarlgooda, Australie-Occidentale

Calcite,
Mine de Goongewa, Kimberley,
Australie-Occidentale

Émeraude dans du schiste,
Riverina Station, Australie-Occidentale

Wulfénite,
Mine Whim Creek, Pilbara,
Australie-Occidentale

La première collection de roches, minerais et fossiles d'Australie-Occidentale a été réunie en 1881 par les soins du révérend Charles Nicolay (1815-1897), aumônier de la prison de Fremantle, et a constitué le fonds du futur Western Australian Museum. Elle rassemble des spécimens venus de régions bien répertoriées en Europe et en Amérique, échangés par le Musée d'histoire naturelle de Londres contre un morceau de la météorite de fer découverte à Youndegin, près de Perth, en 1884. Aujourd'hui, la collection de minéraux compte plus de 30 000 échantillons extraits essentiellement d'Australie -Occidentale, et elle intègre la collection personnelle du célèbre minéralogiste Edward Sydney Simpson (1875-1939). Le musée accueille aussi la plus importante collection de météorites de l'hémisphère sud. L'ensemble est présenté dans une nouvelle galerie ouverte en 2020.

Calcite, marcassite et galène,
Mine de Cadjebut, Kimberley, Australie-Occidentale

Diamant en matrice lamproite,
Mine Ellendale 9, West Kimberley, Australie-Occidentale

Columbite-(Fe),
Spargoville, Australie-Occidentale

Or en matrice,
Sandstone, Australie-Occidentale

Dolomite sur chrysocolle,
Mine DeGrussa, Australie-Occidentale

Cerussite,
Northampton, Australie-Occidentale

Au tout début du XXe siècle, l'autrice acclamée du Pays des petites pluies ne célèbre pas seulement la splendeur picturale du sud aride de la Californie et du Nouveau-Mexique. Observant et décrivant avec minutie la topographie, les jeux de l'eau et du vent, l'intense vie végétale et animale de ces régions apparemment désolées, elle tire de cette rudesse une spiritualité qui confine parfois au mysticisme. Par-dessus tout, elle exprime sa sympathie et sa passion pour la culture amérindienne et ses représentants Paiutes et Shoshones, qui figurent à ses yeux, contre les stéréotypes culturels de son époque, l'image d'un attachement primordial à la terre et à tous ceux qui la peuplent. Résolue à écrire des livres «dont on peut faire le tour à pied», elle a contribué à muer les waste lands, «pays des frontières perdues», en de précieux trésors de l'Amérique du Nord.

MARY AUSTIN

Au PAYS *des* PETITES PLUIES

François Specq
Professeur de littérature américaine à l'ENS de Lyon
et chercheur au laboratoire IHRIM

FIGURE MAJEURE DE LA TRADITION ÉTATS-UNIENNE du *nature writing*, Mary Austin (1868-1934) partage deux traits avec son contemporain John Muir, fondateur du Sierra Club, association de protection de l'environnement, et ardent promoteur des parcs nationaux. Originaire comme lui du Midwest (région de Chicago et des Grands Lacs), elle a aussi fait de l'Ouest sa terre et son sujet d'élection. Mais sa vie et ses écrits évoquent un univers très différent : tandis que Muir célébrait les montagnes de la Sierra Nevada à l'est de San Francisco, Austin chantait les régions désertiques du sud de la Californie et du Nouveau-Mexique. Avec tous leurs habitants, végétaux, animaux et humains.

À la fin du XIXe siècle, alors que l'Ouest était perçu avant tout comme une terre de conquête, transformée et exploitée sans ménagement, Mary Austin a contribué à forger un regard nouveau sur cette partie des États-Unis. Cela n'avait rien d'évident : son premier contact avec le désert fut tout sauf idyllique. Arrivée de l'Illinois en 1888, sa famille fait partie de ces *homesteaders* auxquels le gouvernement fédéral offrait des terres s'ils s'engageaient à les cultiver pendant une certaine durée. Mais il est difficile d'imaginer région plus inhospitalière pour l'agriculture que le sud de la vallée de San Joaquin, d'une aridité extrême, aujourd'hui masquée par l'irrigation. L'installation de Mary et sa famille dans le sud de la Californie laisse bien peu augurer une préoccupation environnementale : il s'agit d'œuvrer à la conquête et à la transformation de l'espace américain, moteur de l'expansion des pionniers depuis le début du siècle. C'est pourtant une vision profondément nouvelle et différente, au fil du temps et de circonstances personnelles, que développe la jeune femme. En ce sens, son parcours personnel incarne la conversion environnementaliste qu'elle appelle le pays à effectuer.

L'élément déclencheur en est la « guerre de l'eau » qui opposa Los Angeles aux habitants des vastes étendues situées au nord : la grande métropole du sud de la Californie, dès son origine, a été confrontée à un problème aigu d'approvisionnement auquel elle ne pouvait faire face qu'en détournant des volumes toujours plus importants des rivières descendant de la Sierra Nevada. En 1890, alors que la ville ne compte encore que 100 000 habitants, s'engage un vif conflit avec les habitants de la vallée de l'Owens, qui durera jusqu'à 1930 environ. La conscience environnementale de Mary Austin s'enracine dans cette lutte à laquelle elle prend part aux côtés de son mari, employé du Land Office, ancêtre du Bureau of Land Management. En 1917, les guerres de l'eau constitueront le sujet de son roman *The Ford* (*Le Gué*), fusionnant en une intrigue les deux conflits environnementaux les plus retentissants de l'époque : celui du sud de la Californie et celui du barrage de Hetch Hetchy (dans le parc de Yosemite), grande cause chère à John Muir. Les deux batailles ont été perdues par les défenseurs de l'environnement, mais ceux-ci y ont puisé une force et une légitimité permettant la structuration du mouvement de protection de la nature, dont ils constituent une référence fondatrice encore aujourd'hui.

Mary Austin conforte la vocation d'écrivaine qu'elle s'est découverte en la centrant sur le genre de la *nonfiction*, produisant ce qui reste l'un des classiques du *nature writing*, *The Land of Little Rain* (*Le Pays des petites pluies*). Paru en 1903, c'est une magnifique célébration de l'âpre beauté de régions désertiques que ceux qui les traversaient considéraient comme inhospitalières et désolées, dénuées de toute vie. D'une manière typique de la tradition du *nature writing*, le livre prend pour objet un lieu spécifique : la région qui s'étend de la vallée de l'Owens au désert Mojave, au sud de la vallée de la Mort. Il en présente aussi un autre trait caractéristique, l'approche contemplative : visant à tempérer l'exigence de « progrès » et de transformation des espaces naturels, dont l'un des apôtres fut William Ellsworth Smythe (*The Conquest of Arid America*, 1900), elle est en lien avec les préoccupations environnementales. La démarche de Mary Austin paraît d'autant plus singulière qu'elle était une femme, et que, sous l'impulsion du président Theodore Roosevelt, la *wilderness* (nature sauvage) apparaissait comme un lieu de réalisation d'une masculinité triomphante plutôt qu'un espace voué à la contemplation. Elle insiste toutefois auprès de ses lecteurs citadins : apprécier le désert requiert une expérience concrète et un véritable effort. Exaltation de l'appel du désert, de sa magie, de son pouvoir de fascination, *Le Pays des petites pluies* fait accéder le désert à une réalité concrète qui tranche avec les publications de l'époque : alors que les romans des

MARY AUSTIN DÉMONTRE UNE ATTENTION PRÉCISE À LA TOPOGRAPHIE DU DÉSERT, À LA MANIÈRE DONT IL EST SCULPTÉ PAR LE VENT ET L'EAU, ET À LA GRANDE DIVERSITÉ DES FORMES DE VIE QUI L'ANIMENT.

écrivains à succès, de Helen Hunt Jackson (l'immensément populaire *Ramona*, paru en 1884) à Owen Wister (*The Virginian*, 1902) et Zane Grey (*Riders of the Purple Sage*, 1912, *Les Cavaliers des canyons,* 2018) utilisaient le désert comme toile de fond, Mary Austin cherche à en partager l'esprit même. Elle entend aussi se tenir à distance des guides touristiques alors en plein essor, prenant soin de souligner dans sa préface qu'elle ne s'adresse pas aux lecteurs qui voient une destination de vacances dans le désert de Californie, dont ils menaceraient l'intégrité.

John C. Van Dyke a certes précédé Mary Austin avec *Le Désert* (1901), consacré à cette même partie des États-Unis. Mais, même s'il semble se préoccuper de protection de la nature (« il faut s'interdire de transformer les déserts en terres agricoles »), ses origines, son milieu et ses objectifs sont fort différents : c'est en esthète et en touriste que cet historien de l'art présente le désert, loin de la réalité vécue – bien qu'un peu épurée et idéalisée – par Mary Austin. Elle aussi attentive à la splendeur picturale du désert, dont elle évoque les collines « peintes de chrome et de vermillon », le vert vif des créosotes, le bleu profond des lupins, la blancheur éclatante des ancolies qui poussent sur les crêtes, elle n'emploie jamais le mot « paysage » *(landscape)*, privilégiant ceux de « terre » *(land)* et de « contrée » *(country)*. Exemple parfait d'un *nature writing* sensiblement différent de l'esthétique du paysage à l'européenne (elle voulait « écrire des livres dont on pouvait faire le tour à pied », dit-elle dans son autobiographie, *Earth Horizon,* en 1932), Mary Austin démontre une attention précise à la topographie du désert, à la manière dont il est sculpté par le vent et l'eau, et à la grande diversité des formes de vie qui l'animent. Dans les douze chapitres de son livre, la description prévaut largement sur la narration. Il s'agit en effet non seulement de donner à voir la splendeur de ce monde de couleurs et de lumières, mais d'apprendre à percevoir l'intense vie végétale et animale de ces régions prétendument désertiques : busards,

Le désert Mojave, près de Barstow, Californie

faucons ou chevêches des terriers, coyotes, lynx et renards, lapins et lézards, et toutes sortes d'insectes sont minutieusement observés, de jour comme de nuit. Voilà l'un des mots d'ordre du *nature writing* : connaître permet de voir. Naturaliste moins chevronnée que d'autres – la science étant soupçonnée d'être un instrument de domination masculine – Mary Austin a appris à reconnaître certaines des espèces peuplant le désert, dont elle décrit les habitudes, les mouvements les plus infimes, les communautés secrètes. Tout un monde s'anime là où l'œil non préparé ne voit qu'étendues désolées de terres salées. Et le livre est un vibrant appel à faire l'expérience du désert.

Le Pays des petites pluies vise ainsi à présenter une vision non-anthropocentrique, autre trait de ce genre littéraire. Celui-ci rejette en effet les notions de trame narrative et de protagonistes, et repense les échelles (du microscopique au macroscopique) pour mieux souligner le caractère secondaire de l'humain face aux processus biologiques, géologiques, climatiques : « Insignifiant, vous qui êtes étendu là en pleine observation, et qui vous emplissez du sentiment d'être dominé par l'immense ciel étoilé. » Le désert Mojave est d'ailleurs aujourd'hui une « réserve de ciel nocturne » *(dark sky sanctuary)*... En définissant d'emblée le désert comme « pays des frontières perdues », dont les limites sont fixées par le terrain et non par la loi, Mary Austin le désigne comme échappant à toute emprise humaine.

C'est son âpreté même qui, par la mise à l'épreuve qu'elle impose et l'humilité qu'elle crée, permet le contact avec un ordre transcendant : « La rudesse de la terre favorise le sentiment d'une relation personnelle au surnaturel », car en ce lieu « il n'y a guère de questions de récoltes, de cités, de vêtements et de manières qui viennent s'interposer entre vous et les forces créatrices et interrompre la communication ». Mary Austin s'inscrit par là dans la tradition millénaire qui voit dans le désert un lieu de renouveau spirituel : « Pour tout ce que le désert prend à l'homme il donne une contrepartie, des respirations profondes, un sommeil profond et la communion des étoiles. » Alors qu'elle traverse des difficultés personnelles, elle trouve là une source d'apaisement et aperçoit, dans la vaillante solitude de la vie sauvage au cœur d'un environnement inhospitalier, une image de sa propre destinée.

Ayant connu un certain succès d'édition, Mary Austin rejoint pendant quelques années (1907-1914) la communauté artistique de Carmel, sur la côte californienne, entre Los Angeles et San Francisco, où elle côtoie d'autres écrivains au fort tempérament, dont Jack London, qui lui prodigue ses encouragements. Militante de la cause féministe depuis sa rencontre avec l'écrivaine Charlotte Perkins Gilman et celle avec des suffragettes lors d'un séjour en Angleterre, elle reproche à London de ne pas avoir écrit de roman dont le personnage principal serait une femme. Pendant ces années elle publie deux de ses textes les plus résolument féministes, *Santa Lucia: A Common Story* (1908) et *A Woman of Genius* (1912), récits qui mettent en cause les conventions du mariage et célèbrent le droit des femmes à revendiquer leur indépendance.

PAGE DE GAUCHE

Vue aérienne de Bishop Creek avec la vallée de l'Owens et les montagnes Blanches en arrière-plan et le sud du lac au premier plan, Californie

PAGE DE DROITE

George Sterling, Mary Austin, Jack London, James Hopper, 1902

Mais, si splendide que puisse être la côte sauvage et verdoyante de Californie, c'est le désert qui l'aimante encore et toujours. Après avoir partagé son temps entre la Californie et New York et effectué un nouveau voyage en Europe, elle se tourne vers le Nouveau-Mexique, qu'elle a découvert et fréquenté dès 1918. Elle y rejoint une autre communauté d'artistes et écrivains, réunie autour de Mabel Dodge Luhan à Taos, dans laquelle réside ou séjourne un véritable aréopage de créateurs, des écrivains D. H. Lawrence et Willa Cather au photographe Ansel Adams et à la peintre Georgia O'Keeffe. C'est dans cet État qu'elle s'établit définitivement de 1923 jusqu'à sa mort en 1934. Elle y écrit beaucoup, des récits, des pièces de théâtre pour Broadway, des articles et ouvrages sur le désert et les Amérindiens qui l'habitent.

C'est à cette période que Mary Austin s'intéresse de plus en plus au monde amérindien. Mélange d'admiration réfléchie et de fantasme primitiviste, cette passion se donne à lire dès *Le Pays des petites pluies*, terre ancestrale des Paiutes et des Shoshones. Même s'il accorde au monde naturel une place prépondérante, son livre compte des portraits de figures locales, dont Winnenap, *medicine man* shoshone, et Seyavi, vannière paiute indépendante et fière, en laquelle Mary Austin voit comme une image d'elle-même. Elle ne tarde pas d'ailleurs à s'en donner l'apparence, comme en témoigne sa photographie la plus connue : l'esthétique – vue en contre-plongée, regard fermé et défiant – rappelle celle des célèbres portraits de Edward S. Curtis (*L'Indien d'Amérique du Nord*, 1907-1930), ou de *Taos Pueblo* qu'elle a cosigné en 1930 avec Ansel Adams. À cet égard, elle est une incarnation du primitivisme moderniste qui, à la même époque en Europe, voit Picasso et beaucoup d'autres se tourner vers l'Afrique et ses masques. Entre 1900 et 1930 se développe au sein du monde occidental une fascination pour les peuples autochtones, perçus comme créateurs d'une esthétique permettant de contrer – et donc renouveler ou revitaliser – les principes policés de l'Occident, ou comme détenteurs d'un savoir et d'une vision du monde propres à inspirer les citoyens d'une société toujours plus citadine.

Par rapport aux stéréotypes culturels alors en vigueur, l'œuvre de Mary Austin a le mérite d'intégrer une véritable conscience de la diversité ethnique et culturelle des États-Unis, faisant place non seulement aux Euro-Américains mais aussi aux Amérindiens et aux Mexicains-Américains, dont certains individus sont présentés comme symboles du lien entre la terre et leur communauté. Son regard, toutefois, n'est pas indemne d'une certaine idéalisation romantique de l'altérité culturelle. *Le Pays des petites pluies* comprend ainsi un chapitre décrivant Las Uvas, un *pueblo* imaginaire dont les habitants manifestent une félicité et une piété aussi simples que parfaites, fruits d'un attachement organique à leur terre – vision utopique qui semble inventée pour faire reproche à la culture américaine dominante. Finalement, Mary Austin pensa trouver dans la région de Santa Fe l'image de cette fusion originelle dont elle rêvait. Ses traductions et essais critiques consacrés à la culture amérindienne du Nouveau-Mexique sont des témoignages éloquents de sa passion pour la manière dont l'environnement façonne la culture des individus comme celle des communautés. Dans *The American Rhythm* (1923), elle met en avant une tradition poétique américaine puisant son rythme et son énergie non dans l'héritage de la littérature européenne, mais dans la vigueur du Nouveau Monde, et notamment dans la vitalité originelle des terres de l'Ouest. Dans la mesure où le rythme est littéralement façonné par la réponse de l'homme à son environnement, elle va même jusqu'à évoquer une continuité fondamentale entre la poésie amérindienne et la poésie américaine anglophone.

Sa pensée manifeste nombre de convergences avec le mysticisme des peintres Georgia O'Keeffe et Marsden Hartley, qui trouvèrent eux aussi leur inspiration au Nouveau-Mexique. L'idée centrale est que le désert, contrée où s'effacent frontières et limites, est propice à une découverte de soi semblable à la « quête de vision » des Amérindiens. Avide d'une spiritualité lui permettant de dépasser son héritage méthodiste, d'un rapport à l'espace et au sol tournant le dos aux conquêtes de la modernité, et d'une esthétique simple et puissante, Mary Austin trouve matière à inspiration dans le désert de Taos et dans les communautés amérindiennes qu'elle fréquente

SI SA PENSÉE OU SON ESTHÉTIQUE PEUVENT ÊTRE TRAVERSÉES D'AMBIGUÏTÉS VOIRE DE CONTRADICTIONS, ELLE A JOUÉ UN RÔLE ESSENTIEL DANS LE DÉVELOPPEMENT ET L'EXALTATION D'UNE ALTERNATIVE SOCIALE ET ENVIRONNEMENTALE AU MATÉRIALISME DE LA SOCIÉTÉ AMÉRICAINE.

avec ses amis (Mary Dodge Luhan, issue de la bourgeoisie new-yorkaise, finira même par épouser un Pueblo). Son militantisme environnementaliste se fait alors moins présent et moins précis, comme dissous dans une mystique d'un rapport au sol plus authentique, que la pensée occidentale a associé aux peuples autochtones dans le mythe du bon sauvage, symbole du refuge contre l'aliénation produite par le monde moderne.

Les textes de Mary Austin (et de John Van Dyke) ont contribué à façonner durablement l'image du désert aux États-Unis et constituent le point de départ d'une tradition littéraire qui, de Joseph Wood Krutch à Edward Abbey (*Désert solitaire*, 1968), puis Terry Tempest Williams (*Red*, 2002) et bien d'autres, a vu dans les régions désertiques non des lieux dénués de toute valeur *(waste lands)*, mais de précieux trésors. Mary Austin a contribué à l'émergence d'une écriture tout à la fois sensible aux aspects esthétiques et à la complexité écologique et ethnologique d'un milieu délaissé. Si sa pensée ou son esthétique peuvent être traversées d'ambiguïtés voire de contradictions, elle a joué un rôle essentiel dans le développement et l'exaltation d'une alternative sociale et environnementale au matérialisme de la société américaine. Observatrice émerveillée du désert, admiratrice sincère d'Amérindiens marginalisés et apôtre d'un féminisme contestant les conventions sociales dominantes, Mary Austin ne peut manquer de parler à notre époque contemporaine. ^

Yuccas, désert Mojave, Californie

« Il y a certains pics, canyons et landes ouvertes qui échappent à l'arraisonnement par les mots et qu'une certaine aura de grandeur et de noblesse nous interdit d'interpeller familièrement. »

Le Pays des petites pluies

ÉCRIRE LE DÉSERT

John Charles Van Dyke (1856-1932)
Né dans le New Jersey et éduqué à l'université Columbia, John Van Dyke intègre le barreau de New York sans jamais plaider. Bibliothécaire d'un séminaire théologique, il devient professeur d'histoire de l'art à l'université Rutgers. Publiant d'abord des essais sur la peinture (New Guides to Old Masters), il se tourne vers la nature (Nature for its Own Sake) avant d'écrire en 1901 son grand œuvre, The Desert: Further Studies in Natural Appearances, qui fait découvrir aux Étatsuniens le sud-ouest de leur pays, ses Amérindiens, sa faune et sa flore. Devenu prophète du « desert writing », il poursuit dans sa veine « naturaliste » en chantant notamment les prairies (The Meadows: Familiar Studies of the Commonplace, 1926).

Edward Abbey (1927-1989)
Né en Pennsylvanie d'une mère organiste et d'un père socialiste, Edward Abbey part explorer à 17 ans le sud-ouest des États-Unis où il se prend de passion pour les déserts. Après des études de philosophie au Nouveau-Mexique où il est fiché par le FBI pour anarchisme, il écrit des romans tout en entamant une carrière de garde saisonnier. Dans le parc national des Arches (Utah), il accumule des notes et dessins qui donneront en 1968 le puissant Desert Solitaire (sic), proche de Leopold et de Thoreau. En 1975, The Monkey Wrench Gang (Le Gang de la clé à molette), roman célébrant le « sabotage écologique », l'impose comme un dynamiteur du nature writing. Il a été enterré quelque part dans le désert de Sonora, avec une plaque où on lit : « No Comment ».

Terry Tempest Williams (1955-)
Élevée dans l'Utah non loin du site d'essais nucléaires du Nevada, à l'origine de nombreux cancers dans sa famille, Terry Williams étudie l'éducation à l'environnement avant d'enseigner dans une réserve Navajo, dont elle tirera The Secret Language of Snow, best-seller pour enfants, puis travaille dans le musée d'histoire naturelle de Salt Lake City. Militante de la désobéissance civile et de la santé féminine, elle publie en 1991 Refuge: An Unnatural History of Family and Place, mélange de mémoires mormones et d'histoire naturelle qui se clôt par un chapitre dénonciateur, « The Clan of One-Breasted Women ». Depuis 2001 et Red: Passion and Patience in the Desert, qui détaille avec précision et lyrisme ses campements sauvages, elle utilise ses nombreux prix et distinctions nationales pour faire avancer la cause d'une nouvelle « wilderness ».

FRISE CHRONOLOGIQUE

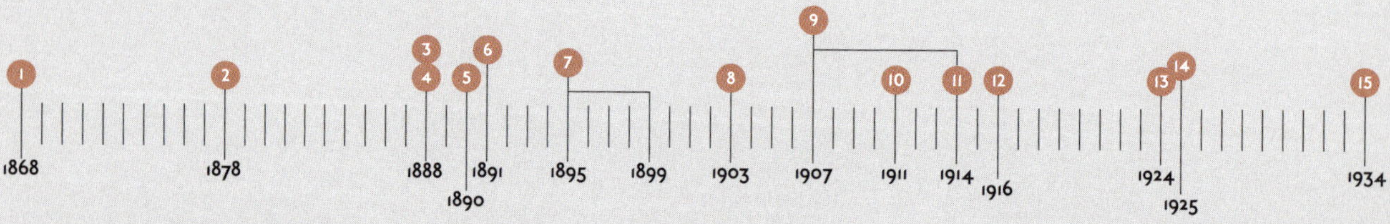

1 — 9 septembre 1868 : naissance à Carlinville (Illinois)

2 — 1878 : mort de son père, George Hunter

3 — 1888 : diplômée du Blackburn College où elle a étudié l'art puis la science

4 — 1888 : départ avec sa famille pour les terres arides du sud de la vallée de San Joaquin. Découverte des régions désertiques du sud de la Californie. Éveil de sa conscience environnementale

5 — 1890 : témoin du conflit entre Los Angeles et la vallée de l'Owens, guerre d'approvisionnement d'eau, elle y prend part et devient une militante de l'environnement

6 — 18 mai 1891 : mariage avec Stafford Wallace Austin, originaire d'Hawaï, enseignant et « gentleman farmer ». Installation à Bakersfield

7 — 1895-1899 : professeure à l'Académie méthodiste de Bishop, de Lone Pine et à l'école normale à Los Angeles

OUVRAGES PHARES

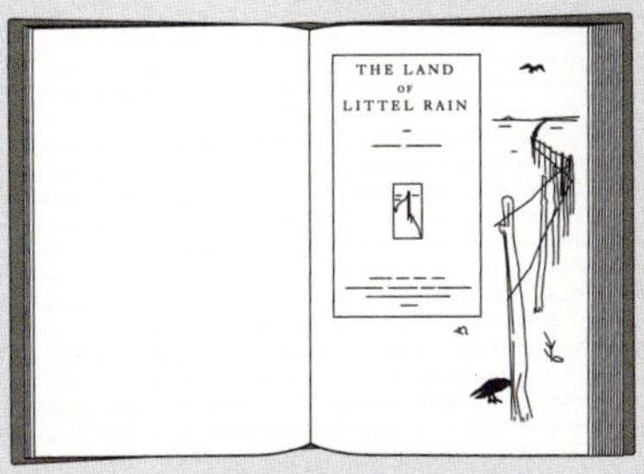

THE LAND OF LITTLE RAIN

Autant qu'au *nature writing*, les 14 nouvelles et essais de ce recueil rattachent l'auteure au courant régionaliste américain, dont Mark Twain est le plus célèbre représentant. Tour à tour, la chaleur accablante, des traces d'animaux, quelques charognards, un « chasseur de minerais », le grand pays Shoshone, les pistes de montagnes, des querelles d'irrigation, les « nourrissons du ciel » (tempêtes), un village idyllique de pisé concourent à une glorification de la nature et du vivant. Pour les décrire, elle manie aussi bien l'hyperbole que la prose méticuleuse, sans jamais tomber dans le sentimentalisme. Mais pour parler des humains « civilisés », le dédain et la satire semblent mieux lui convenir.

TAOS PUEBLO

Ce qu'on a qualifié de « plus grande représentation pictoriale de l'Ouest américain » est le fruit d'une rencontre, en 1929, entre un jeune et brillant photographe défenseur de l'environnement et une écrivaine à succès basée à Santa Fe. Travaillant chacun de leur côté pendant deux mois, ils ne découvrent le résultat commun qu'au moment de la mise en page (le premier a alors un peu changé sa sélection). Tiré sur un papier mat spécial qui permet au photographe d'imprimer lui-même ses images, le livre est une leçon de géométrie en noir et blanc et en douze mouvements : Ansel Adams (1902-1984) sculpte la lumière et l'ombre dans et autour de « l'endroit des saules rouges » (Pueblo de Taos), tandis que Mary Austin chante la nature, la culture et l'architecture des indiens Pueblos.

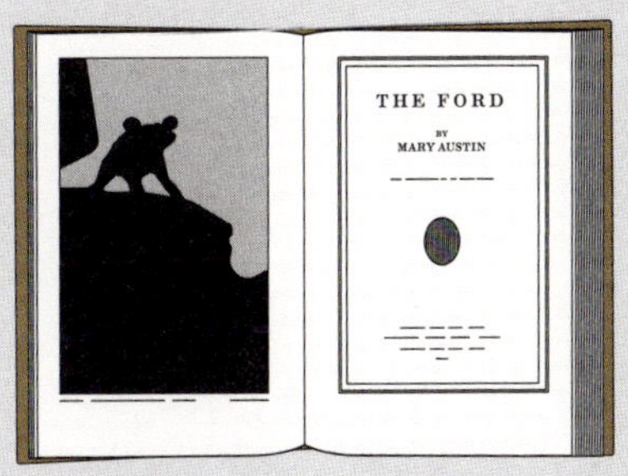

THE FORD

Publié en 1917, *Le Gué* s'attaque à une affaire particulièrement sensible de l'histoire californienne : le transfert vers Los Angeles, à partir de 1913, des eaux de la rivière Owens, dans la vallée dont les Païutes, excellents agriculteurs, avaient été chassés au siècle précédent. Ces traditions d'irrigation perdues, l'eau abandonnait donc doublement les fermiers blancs pour arroser la ville. Situé entre les sierras de l'Est et le district financier de San Francisco, le roman décrit les efforts d'une jeune femme indépendante face à la spéculation effrénée sur la terre (100 000 ha expropriés) et les ressources, et les luttes syndicales, voire féministes, auxquelles elle prend part pour récupérer son ranch familial et sa dignité.

---

8 — 1903 : publication de son premier texte, The Land of Little Rain, œuvre majeure sur la faune, la flore, les sociétés entre la Sierra Nevada et le désert Mojave. Véritable hymne aux régions désertiques

9 — 1907-1914 : intégration de la communauté artistique de Carmel-by-the-Sea (Californie) aux côtés d'écrivains de talent : Jack London et Nora May

10 — 1911 : représentation au New Theater de New York de sa pièce, The Arrow Maker, au sujet des Amérindiens

11 — 1914 : divorce

12 — 1916 : engagement en faveur de la Révolution mexicaine. Voyages entre le Nouveau-Mexique et New York

13 — 1924 : nostalgique du désert, elle s'établit au Nouveau-Mexique et intègre la colonie d'art de Taos. Grand intérêt pour la diversité ethnique et culturelle des États-Unis

14 — 1925 : construction à Santa Fe de sa « Casa Querida »

15 — 13 août 1934 : fragile, elle s'éteint à Santa Fe. Ses cendres reposent près du mont Picacho, à l'est de la Casa Querida

À LIRE

- The Land of Little Rain (1903), l'un des classiques du nature writing
- Lost Borders (1909)
- Out-land (1910)
- The Arrow Maker (1911)
- Fire (1912)
- California, Land of the Sun (1914)
- The Ford (1917) qui parle de la guerre des eaux au travers de deux grands conflits : celui du sud de la Californie et celui du barrage de Hetch Hetchy (dans la vallée de Yosemite)
- The American Rhythm (1923)
- Starry Adventure (1931)
- Earth Horizon: An Autobiography (1932)

LA MÉTAMORPHOSE DES PAPILLONS (1705)

Maria Sibylla Merian

PAGE DE GAUCHE, DE HAUT EN BAS ET DE GAUCHE À DROITE

Caligo idomeneus, guêpe Maribonse

Fulgora laternaria Linnaeus, mouche lanterne

Heloconius ricini

Limenitis arthemis, amiral sur un althéa

Morpho menelaus, morpho bleu sur un néflier

PAGE DE DROITE

Papilio androgeus, chenilles et roses de Chine

NÉE À FRANCFORT d'une mère wallonne et de Matthäus Merian (1593-1650), graveur et éditeur suisse, Maria Sibylla est éduquée à la peinture, au dessin et à la gravure par son beau-père, le peintre de fleurs Jacob Marrel. « Je me suis dans ma jeunesse employée à la recherche des insectes. J'ai d'abord commencé avec les vers à soie de ma ville natale. J'ai ensuite établi que, à partir des autres chenilles, se développaient beaucoup de beaux papillons de nuit ou de jour… », écrira-t-elle cinquante ans plus tard. À 18 ans, elle épouse Johann Andreas Graff, peintre de monuments qu'elle suit à Nuremberg avec leur première fille, Johanna Helena, future artiste botanique. Elle se plonge dans le cycle de vie des papillons, qu'elle nourrit de la lecture attentive de Francesco Redi (1626-1697), biologiste italien qui a porté en 1668 le premier coup à la croyance millénaire en la génération spontanée. Son premier livre, *Neues Blumenbuch* (*Nouveau livre de fleurs*), qu'elle commercialise elle-même, est suivi en 1678 de la naissance de Dorothea Maria, puis de la publication remarquée de *La Merveilleuse transformation et l'étrange nourriture florale de la chenille*. En 1685, elle prend ses filles sous le bras et quitte son mari pour le château de Waltha, dans la Frise néerlandaise, refuge d'une secte illuministe créée par le pasteur calviniste Jean de Labadie. Le château appartient au gouverneur du Surinam, conquis par les Pays-Bas en 1667, et elle y demeure jusqu'en 1692 tout en séjournant à Amsterdam, où elle fréquente des collectionneurs d'objets d'histoire naturelle, empile coquillages, insectes et coraux et gagne sa vie avec ses illustrations. À 52 ans, après avoir vendu ses collections, obtenu une bourse de la ville et lancé une souscription, elle s'embarque avec Dorothea pour le Surinam, sa faune et sa flore tropicales. À Paramaribo, elle dessine, explore les environs, emploie à ses recherches des esclaves amérindiens et se heurte aux planteurs néerlandais, « parce que je m'intéresse à autre chose qu'au sucre ». Atteinte du paludisme, elle rentre en 1701 à Amsterdam, accompagnée d'une « *Indianin* » et les malles pleines de plantes, d'insectes et d'animaux inconnus. Imprimé à grands frais et vendu 55 guldens (environ 500 €), son chef-d'œuvre en deux volumes, *Metamorphosis insectorum Surinamensium*, rembourse à peine ses frais mais lui attire de nombreux admirateurs, dont Pierre le Grand, qui accueillera à Saint-Pétersbourg Dorothea et son mari comme peintres de cour. Après sa mort en 1717, la notoriété de Maria Sibylla Merian se perpétue en Russie, où elle déterminera la vocation d'entomologiste de Vladimir Nabokov, ainsi qu'en Allemagne, où la traduction de ses travaux en latin, menée à bien par Dorothea,lui vaudra la considération de Carl von Linné et, ultime hommage, son portrait sur le dernier billet de 500 Deutsche Marks avant l'euro. L'intrépide naturaliste et voyageuse se serait sans doute mieux satisfaite de l'araignée, des deux grenouilles, du papillon et du cratère vénusien qui portent aujourd'hui son nom ou son prénom. ^

PAGE DE GAUCHE

Morpho achilles, cerises d'Amérique

PAGE DE DROITE

Rothschildia aurota, papillon de nuit Rothschildia sur oranger de Séville

PAGE DE GAUCHE

Philaethria dido, chenilles et ananas mûr

PAGE DE DROITE

Morpho menelaus, morpho bleu

NORFOLK
BROADS

Peter Henry Emerson (1856-1936)

PAGE DE GAUCHE
L'ancien ordre et le nouveau

PAGE DE DROITE
Le village de Horning

Transport à la gaffe du foin des marais

Maison de pêcheur d'anguilles

PAGE DE DROITE
Transport à la rame de plantes de marais
Levée du filet à anguilles

CI-DESSOUS
La cueillette des nénuphars

Pendant la moisson du roseau

Mise en meules des roseaux

Installation de la nasse

NÉ À CUBA LE 13 MAI 1856, cousin éloigné de Ralph Waldo Emerson comme de Samuel Morse, le riche orphelin Peter Henry Emerson s'installe en Angleterre, patrie de sa mère, à 13 ans. Il y poursuit de brillantes études, au King's College de Londres puis au Clare College de Cambridge, où il décroche son diplôme de médecine en 1885. Quatre ans plus tôt, il achète son premier appareil photo. Fondateur du Camera Club de Londres et rapidement élu au conseil de la Royal Photographic Society, il abandonne sa brève activité de chirurgien pour se consacrer à la photographie et à l'écriture, en plus de son appétence pour la nature, le billard, l'aviron et la météorologie. Féru d'impressionnisme, et particulièrement de Jean-François Millet, il réalise son premier recueil en parcourant avec son ami le peintre Thomas F. Goodall les Norfolk Broads, réseau de 300 km de voies navigables et de 14 lacs créés par le drainage des marais médiévaux (les «Broads») dans le Nord-Est de l'Angleterre. Pour le tirage des quarante plaques de *Life and Landscape on the Norfolk Broads*, illustré et mis en page par Goodall, il opte pour des épreuves au platine, procédé mis au point en 1873 par William Willis et qui assure, en plus de la finesse de son noir et blanc, une conservation optimale de l'image à travers le temps. Suivent trois autres albums consacrés à la vie humaine dans l'Est anglais (*Pictures from Life in Field and Fen*, *Idylls of the Norfolk Broads*, *Pictures of East Anglian Life*), avant qu'éclate «une bombe dans un salon de thé», selon les mots d'un contemporain : en 1889, Emerson publie *Naturalistic Photography for Students of the Art*, à la fois manuel et pamphlet où il attaque violemment la tradition à ses yeux délétère de «l'impression composite», montage de plusieurs négatifs très répandu à l'époque du fait des limitations techniques des matériels, de la retouche des négatifs («retoucher, c'est peindre») et de la colorisation à l'impression. Lui en tient seulement, comme il le prouve avec un merveilleux talent, pour la stricte reproduction de la nature par une «mise au point différentielle», où les détails de l'image, jamais retouchée, varient en netteté du centre vers les bords, à l'exemple de la vision humaine, tout en se défendant d'appartenir à une quelconque *fuzzy school* (une école du flou) qui détruirait les structures organiques au lieu de les suggérer. Le plus bel exemple en est sans doute «La cueillette des nénuphars», reproduite ici et conservée au musée d'Orsay. Chaque photo résulte d'une patiente maturation, comme il l'écrit dans *Naturalistic Photography* : «Une photographie par mois vaut bien tout le temps et la peine passés dessus.» C'est à ce rythme qu'Emerson continue d'immortaliser ses lieux d'élection, produisant ainsi de merveilleux albums : *On English Lagoons* ; *Birds, Beasts and Fishes from the Norfolk Broadland* ; *Marsh Leaves*. Entre-temps, la Eastman Dry Plate and Film Company (devenue Eastman Kodak en 1892) a mis sur le marché le premier appareil photo à destination du grand public, et son slogan «You Press the Button, We Do the Rest» met à mal les considérations théoriques défendues par Emerson dans les années 1880, qui ont donné lieu à de houleux débats avec ses contemporains. Ainsi, trois ans seulement après *Naturalistic Photography*, Emerson publie une étonnante rétractation, présentée comme un faire-part de décès, *The Death of Naturalistic Photography*.

Après cela, Emerson continuera à prendre des photos mais ne publiera plus que des livres de fiction ou d'érudition, sur Cuba, la généalogie et même le billard. Il occupe aujourd'hui une place charnière dans l'histoire de la photographie : sa défense de celle-ci comme «art pictorial» a donné naissance au mouvement pictorialiste, lequel se réclame de l'oeuvre de la photographe victorienne Julia Margaret Cameron (1815-1879), appartenant à la génération précédant celle d'Emerson. La génération d'après voit émerger un jeune étudiant allemand, couronné lors d'une des expositions et concours amateurs organisés par Emerson pour améliorer la réception publique de son domaine d'élection : le grand Alfred Stieglitz (1864-1946), apôtre de la photographie comme art et enregistrement naturaliste de la réalité. Peter Henry Emerson a eu le temps d'écrire son histoire de la photographie artistique juste avant sa mort, la veille de son 80e anniversaire. Et naturellement, il a été intronisé en 1979 à l'International Photography Hall of Fame, le panthéon des «artistes photographes».

Life and Landscape on the Norfolk Broads, 1886, Sampson Low, Marston, Searle & Rivington, Peter Henry Emerson (1856-1936)

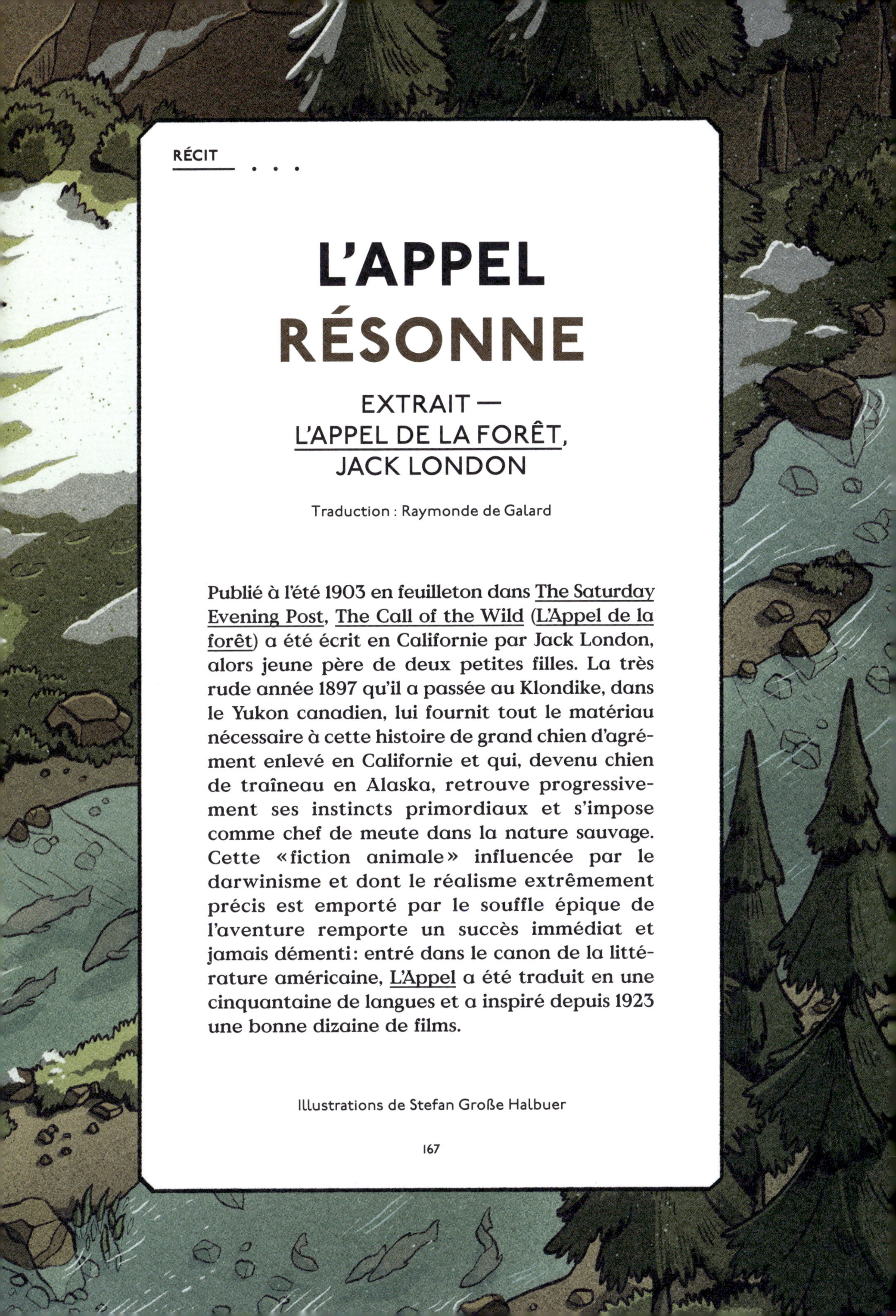

L'APPEL RÉSONNE

EXTRAIT — L'APPEL DE LA FORÊT, JACK LONDON

Traduction : Raymonde de Galard

Publié à l'été 1903 en feuilleton dans The Saturday Evening Post, The Call of the Wild (L'Appel de la forêt) a été écrit en Californie par Jack London, alors jeune père de deux petites filles. La très rude année 1897 qu'il a passée au Klondike, dans le Yukon canadien, lui fournit tout le matériau nécessaire à cette histoire de grand chien d'agrément enlevé en Californie et qui, devenu chien de traîneau en Alaska, retrouve progressivement ses instincts primordiaux et s'impose comme chef de meute dans la nature sauvage. Cette « fiction animale » influencée par le darwinisme et dont le réalisme extrêmement précis est emporté par le souffle épique de l'aventure remporte un succès immédiat et jamais démenti : entré dans le canon de la littérature américaine, L'Appel a été traduit en une cinquantaine de langues et a inspiré depuis 1923 une bonne dizaine de films.

Illustrations de Stefan Große Halbuer

John Thornton ayant, grâce à Buck, gagné six cents dollars en cinq minutes, se trouva en mesure de payer certaines dettes gênantes, et de réaliser un projet depuis longtemps caressé avec ses camarades. Il s'agissait d'un voyage dans l'Est, à la recherche d'une mine fabuleuse dont le souvenir remontait aux origines mêmes de l'histoire du pays.

Bien des aventuriers étaient partis à sa recherche; peu étaient revenus; des milliers avaient disparu sans laisser de trace. L'histoire de cette mine eut été féconde en tragédies mystérieuses. On ignorait le nom du premier qui l'avait découverte. Rien de précis ne se racontait, à vrai dire; mais on prétendait que l'emplacement en était marqué par une cabane en ruines.

Ceux qui revenaient épuisés et mourants l'avaient décrite, montrant à l'appui de leurs dires des pépites d'or d'une grosseur surprenante telle que les autres n'en avaient jamais vu.

Personne ne s'attribuant la possession de ces trésors, que les morts ne réclameraient plus, John Thornton, Hans et Peter, accompagnés de Buck et d'une demi-douzaine d'autres chiens, se dirigèrent vers l'Est, cherchant sur une piste inconnue des richesses peut-être chimériques.

Ayant remonté en traîneau, pendant soixante-dix milles, le Yukon glacé, ils tournèrent dans la rivière Stewart, passèrent le Mayo et le Mac-Question, et continuant leur route jusqu'à la source du Stewart, ils gravirent des pics qui semblaient l'épine dorsale même du continent.

John Thornton, au cours de ses expéditions, comptait peu sur l'homme, mais beaucoup sur la nature, et ne redoutait aucune solitude. Avec une poignée de sel et un rifle, il pouvait s'enfoncer dans les pays les plus sauvages, et se tirer d'affaire aussi facilement qu'il lui plaisait. N'étant jamais pressé par le temps, il chassait sa nourriture, à l'instar des Indiens, tout en marchant; si le gibier manquait, il poursuivait son chemin sans se troubler, sûr d'en retrouver tôt ou tard. L'ordinaire, pendant ces longs voyages, devant être la viande fraîche, les munitions et les outils constituaient la principale charge du traîneau.

Ce fut, pour Buck, un temps de liesse et de joie perpétuelle que cette vie de chasse, de pêche, de vagabondage infini dans des pays inconnus.

Pendant des semaines entières, on marchait du matin au soir; pendant d'autres, au contraire, on semblait vouloir prendre racine en quelque lieu solitaire, on dressait le camp; les chiens flânaient, et les hommes, pratiquant des trous dans la terre ou le gravier gelé, lavaient près du feu de grandes écuelles de boue dorée. Tantôt on avait faim, tantôt on faisait bonne chère, suivant les hasards de la chasse et les caprices du gibier.

L'été arriva; alors hommes et chiens traversèrent en radeau les lacs bleus des montagnes, remontèrent ou descendirent des rivières inconnues, sur de frêles barques taillées dans les arbres des forêts environnantes. Les mois passaient, tandis qu'ils erraient ainsi dans la vaste étendue dont nulle main n'avait tracé la carte pour les guider, mais que des pas humains avaient foulée jadis, si la tradition disait vrai.

Ils subirent de violents orages, tourmentes de neige en plein été, vents cinglants, éclairs aveuglants ; souvent ils virent tomber la foudre à leurs côtés ; ils frissonnèrent au soleil de minuit sur les hautes cimes, à la limite des neiges éternelles ; redescendirent dans les chaudes vallées infestées de moustiques ; cueillirent à l'ombre des glaciers des fruits comparables aux plus beaux de ceux qu'on goûte dans le Sud.

Vers la fin de l'année, les voyageurs pénétrèrent dans une région triste et fantastique, coupée de lacs, où le gibier d'eau avait vécu, mais dont le silence n'était plus troublé que par le souffle glacé du vent et le brisement mélancolique des vagues sur des grèves solitaires.

Pendant tout un hiver encore, les explorateurs suivirent les traces à demi-effacées de ceux qui les avaient précédés. Ce fut d'abord une voie pratiquée dans la forêt, et qui semblait devoir aboutir à la cabane perdue ; mais cette route, sans commencement et sans but, demeura mystérieuse comme la destinée et la pensée de celui qui l'avait tracée.

Une autre fois, ils découvrirent une hutte de chasseur, et parmi des lambeaux de couvertures pourries, Thornton dénicha un fusil à pierre datant des premières années de la Compagnie de la baie d'Hudson. Aucune autre trace de l'homme inconnu qui avait bâti cet abri et respiré en ce lieu à cette époque lointaine.

Le retour du printemps mit un terme à ces vagabondages, car les aventuriers découvrirent non point, il est vrai, la cabane perdue, mais, dans le creux d'une large vallée, un placer profond, dont l'or reluisait comme du beurre jaune au fond des tamis à laver.

Ils ne cherchèrent pas plus loin, car chaque jour de travail leur rapportait des milliers de dollars en poudre ou en pépites. On fabriqua des sacs en peau d'élan, dans lesquels cet or fut renfermé par tas de cinquante livres.

Les jours passaient rapidement à ce travail formidable. Les chiens n'avaient rien à faire que de rapporter au camp de temps à autre le gibier tué par Thornton, et en cette période, Buck passa de longues heures à rêver au coin du feu à ces choses primitives dont il avait la confuse nostalgie.

Alors, aux visions troubles des époques lointaines, venait se joindre l'appel qui résonnait au fond de la forêt, éveillant en lui une foule de désirs indéfinissables et d'étranges sensations. Mû par un pouvoir plus fort que sa volonté, il partait en quête, cherchant obscurément à découvrir l'origine de l'écho qui résonnait en lui. Errant dans la forêt, il humait avec ivresse la senteur de la mousse fraîche et des herbes longues couvrant le sol noir, parmi l'humus séculaire ; et ces odeurs salubres le remplissaient d'une joie mystérieuse déjà ressentie, lui semblait-il.

Alors le souvenir de l'Homme aux longs bras, couvert de poils, qu'il suivait jadis, lui revenait plus vif ; il s'attendait presque à le trouver, au détour du sentier marqué dans les taillis par le passage fréquent des bêtes sauvages, et il quêtait plus ardemment…

Parfois, il demeurait des journées entières blotti derrière un tronc d'arbre, guettant patiemment, avec une inlassable curiosité, tout ce qui bougeait autour de lui, le mouvement des multiples petites vies abritées par les grands arbres, insectes ou bestioles au poil fauve.

Puis il rentrait au camp et s'étendait de nouveau près du feu pour rêver.

Mais soudain, il levait la tête, dressait les oreilles, écoutait, plein d'attention. Obéissant à l'appel entendu de lui seul, il bondissait sur ses pieds et filait droit devant soi, pendant des heures, sous les voûtes fraîches de la forêt, au fond du lit desséché des torrents, dans les grands espaces découverts et fleuris. Mais, par-dessus tout, il se plaisait à courir ainsi dans la pénombre odorante des nuits d'été, alors que la forêt murmure dans son sommeil, et que ce qu'elle dit est clair comme une parole articulée. À cette heure, plus profond, plus mystérieux, plus proche aussi, résonnait l'Appel – la Voix qui incessamment l'attirait, du fond même de la nature.

Une nuit, il fut réveillé tout à coup en sursaut : alerte, les yeux brillants, les narines frémissantes, le poil hérissé en vagues… L'Appel se faisait entendre, et tout près cette fois. Jamais il ne l'avait distingué si clair et si net. Cela ressemblait au long hurlement du chien indigène.

Et, dans ce cri familier, il reconnut cette Voix, entendue jadis, qu'il cherchait depuis des semaines, et des mois…

Traversant, rapide et silencieux comme une ombre, le camp endormi, il s'élança sous bois. Mais comme il se rapprochait de l'Être qui l'appelait, il ralentit par degrés son allure et s'avança, prudent et rusé.

Et tout à coup, au cœur d'une clairière, il vit, assis sur ses hanches et hurlant à la lune, un loup de forêt, long, gris et maigre.

Bien que le chien n'eût fait aucun bruit, la bête l'éventa et cessa soudain son chant. Buck s'avança, la queue droite, les oreilles hautes, prêt à bondir. Pourtant tout dans son allure marquait, en même temps que la menace, le désir de faire amitié. Mais le fauve, sourd à ces avances, prit soudain la fuite.

Buck le suivit à grands bonds, plein d'un désir fou de l'atteindre. Longtemps ils coururent, presque côte à côte. Enfin, le loup s'engagea dans le lit desséché

d'un torrent barré par un fouillis inextricable de branchages et de bois mort. Alors la bête sauvage, se trouvant acculée, fit volte-face par un mouvement familier à Joe et aux chiens indigènes aux abois ; et, grinçant des dents, claquant avec bruit des mâchoires, elle attendit.

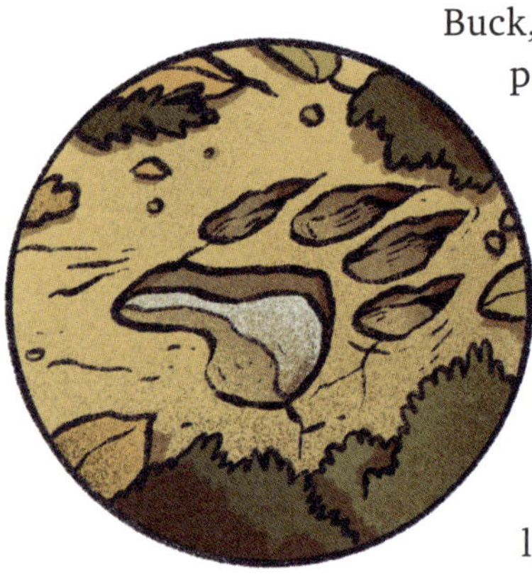

Buck, au lieu de l'attaquer, tournait autour du loup avec un petit murmure amical, remuant la queue et riant à belles dents. Mais le loup se méfiait, car sa tête arrivait à peine à l'épaule du chien, et il avait peur. Et tout à coup, d'un mouvement souple et furtif, il s'échappa et reprit sa course. La poursuite recommença. Encore une fois, le loup faillit être pris, pour de nouveau s'échapper et recommencer à fuir. La bête était en mauvaise condition, sans quoi Buck n'aurait pu l'égaler à la course; ils couraient presque côte à côte, jusqu'au moment où le loup s'arrêtait, montrait les dents et recommençait à fuir de plus belle.

Enfin, reconnaissant que Buck ne lui voulait pas de mal, la bête s'arrêta et laissa le chien lui flairer le museau. Sur quoi ils devinrent amis et se mirent à jouer ensemble, de cette façon nerveuse et timide qui semble démentir la férocité des bêtes sauvages.

Quelques instants plus tard, le loup se remit en marche, d'une allure aisée, indiquant un but définitif. Il fit comprendre à Buck qu'il devait l'accompagner, et, côte à côte, ils se mirent à courir dans la pénombre. Ils suivirent le lit du torrent à travers la gorge aride qui lui donnait naissance, et sur le versant opposé de la cascade, ils atteignirent une contrée de plaines et de forêts étendues, que traversaient de nombreux ruisseaux. Ils galopèrent des heures entières à travers ces espaces, tandis que le soleil s'élevait sur l'horizon.

Buck était infiniment joyeux : il se sentait répondre à l'Appel ; les souvenirs anciens lui revenaient en foule sur cette terre vierge et sous ces cieux immenses, tandis qu'il courait aux côtés de son frère le fauve.

Mais les deux coureurs s'étant arrêtés pour boire à un clair ruisseau, l'onde froide dissipa cette ivresse; le souvenir de John Thornton étreignit soudain le cœur de Buck. Il s'assit brusquement.

Le loup continua sa route, puis revint à lui, le poussant avec son nez, l'encourageant à le suivre.

Mais Buck retournait lentement sur ses pas, et pendant une heure, son frère sauvage l'accompagna, gémissant doucement. Puis il s'assit à son tour, et, pointant le museau en l'air, poussa un long hurlement. Tandis que le chien poursuivait sa route, cette plainte lugubre continua de déchirer l'air, résonnant longtemps encore dans le lointain. Elle s'éteignit enfin...

Thornton achevait de dîner lorsque Buck tomba dans le camp comme une bombe, sautant sur son maître, lui léchant la figure et les mains, criant de joie, renversant tout sur son passage, dans sa folle expansion de tendresse ; jamais Thornton ne l'avait vu si exubérant...

Pendant deux jours et deux nuits, Buck resta au camp, semblant garder son maître à vue ; puis l'inquiétude le reprit ; de nouveau il fut hanté par le souvenir de cette course à deux à travers un pays souriant et sauvage...

Il se remit à courir les bois, mais sans pouvoir retrouver son farouche compagnon ; la plainte lugubre ne se faisait plus entendre.

Son orgueilleuse confiance en soi éclatait dans tous les mouvements du chien et communiquait à son être physique une sorte de plénitude gracieuse et terrible.

Il eût semblé un loup gigantesque, sans les taches fauves de son museau et de ses yeux, et l'étoile blanche qui marquait son front et sa large poitrine. Par l'astuce, il tenait du loup ; par la force et le courage, de son père le chien géant ; par la beauté et l'intelligence, de sa mère la fine colley ; ces qualités, jointes à une expérience acquise à la plus dure des écoles faisaient de lui une créature superbe et redoutable entre toutes.

– Jamais on ne vit chien pareil ! répétait Thornton avec une juste fierté, en le regardant marcher dans le camp, orgueilleux et fort, roi de tout ce qui l'entourait.

Nul ne soupçonnait la transformation qui s'opérait en lui aussitôt qu'il pénétrait dans la solitude de la forêt. Il ne marchait plus alors ; il devenait un animal sauvage, silencieux et léger, ombre à peine entrevue glissant parmi d'autres ombres. Il savait tirer parti du moindre abri, se traîner sur le ventre comme un serpent, et comme lui bondir et frapper. Il pouvait saisir la perdrix sur son nid, surprendre le lapin à son gîte, et attraper au vol les petits écureuils agiles. Toutefois il ne tuait pas par plaisir, mais seulement pour vivre et se nourrir du produit de sa chasse. ^

Illustrations
de Ben Lamare

AUTEURS

Éric Birlouez est ingénieur agronome, sociologue et spécialiste de l'histoire de l'alimentation. Enseignant en écoles d'ingénieurs, dont AgroParisTech, et consultant auprès d'entreprises et d'organismes publics, il explore les dimensions historiques, culturelles et symboliques de nos goûts et de nos comportements de table. En 2013, il a publié Sur les routes des épices (Ouest France) et son dernier ouvrage, Petites histoires & grandes recettes de la gastronomie française (l'Imprévu), a été co-écrit avec l'autrice culinaire Isabelle Dreyfus.

Vincent Bretagnolle est chercheur au Centre d'Études Biologiques de Chizé et directeur de recherche CNRS–AGRIPOP. Il étudie l'impact du changement global sur la dynamique spatiale et temporelle des populations et des communautés animales et végétales dans les milieux agricoles intensifs. L'objectif de ses recherches est d'identifier les systèmes de culture innovants permettant de satisfaire les besoins socioéconomiques et la préservation de la biodiversité, et de concilier agriculture et environnement dans une gestion durable des ressources naturelles. Pilote du comité scientifique régional de la biodiversité, Écobiose, il a aussi écrit Pourquoi les oiseaux chantent-ils ? (Le Pommier, 2005).

Anne-Marie Brisebarre, après des études de sciences (biologie, zoologie, botanique), s'est tournée vers l'ethnologie et a soutenu une thèse à l'École des hautes études en sciences sociales (EHESS). Spécialiste des relations entre les sociétés humaines et leurs animaux domestiques, elle étudie depuis près d'un demi-siècle le pastoralisme transhumant dans les Cévennes, au Maroc, en Mauritanie et au Sénégal (savoirs pastoraux, races animales locales, territoires). Directrice de recherche émérite au CNRS, elle est membre du laboratoire d'anthropologie sociale du Collège de France.

Pierre Charbonnier, normalien, docteur en philosophie et chargé de recherches CNRS à Sciences Po, travaille sur l'histoire, l'épistémologie et les formes de pouvoir associées au gouvernement de la nature dans les sociétés modernes. Il est l'auteur de La Fin d'un grand partage (CNRS, 2015), d'un livre d'entretiens avec Philippe Descola, La Composition des mondes (Flammarion, 2014) et d'Abondance et liberté (La Découverte, 2019).

Marc Dufumier, agronome, professeur émérite en agriculture comparée et développement agricole à AgroParisTech, est aussi membre du conseil scientifique de la Fondation pour la Nature et l'Homme (FNH)

et président de Commerce équitable France. Impliqué dans la formulation, la mise en œuvre et l'évaluation de nombreux projets et programmes de développement agricole, en France comme en Asie du Sud-Est, en Amérique latine et en Afrique, il est l'auteur de nombreux ouvrages marquants, dont De la terre à l'assiette. 50 questions essentielles sur l'agriculture et l'alimentation (Allary, 2020) et L'Agroécologie peut nous sauver (Actes Sud, 2019).

Philippe Grandcolas, écologue et systématicien, a rejoint en 1996 le laboratoire Écologie et Systématique du Muséum d'histoire naturelle, qu'il a contribué à développer. Ses recherches portent sur l'évolution des faunes et du comportement des insectes, notamment les blattes, termites, acridiens et grillons qu'il a étudiés sur le terrain en Europe et dans de nombreux pays tropicaux. Il dirige aujourd'hui l'Institut de Systématique, Évolution, Biodiversité, commun au Muséum, au CNRS, à Sorbonne Université, à l'École pratique des hautes études et à l'université des Antilles, regroupant deux cents systématiciens et biologistes de l'évolution.

François Specq, professeur de littérature des États-Unis à l'ENS de Lyon et chercheur au sein du laboratoire IHRIM, travaille sur la littérature américaine du XIXe siècle et les rapports entre littérature et environnement. Auteur de Habiter la frontière. L'humanisme sauvage de Henry David Thoreau, étude accompagnant sa traduction des Forêts du Maine (Rue d'Ulm, 2004) et de Henry David Thoreau et le « nature writing » (revue TDC, 2019), il a co-dirigé Thoreau Beyond Borders (University of Massachusetts Press, 2020) et traduit et préfacé Le Pays des petites pluies de Mary Austin (Le Mot et le Reste, 2011).

ENTRETIENS

Alain Corbin est un historien spécialiste du XIXe siècle en France, mondialement connu pour son approche novatrice de l'historicité des sens et de la sensibilité. Ayant successivement abordé le désir masculin de prostitution (Les Filles de noce, 1978), l'odorat et l'imaginaire social (Le Miasme et la Jonquille, 1982, qui a inspiré Le Parfum), l'homme et son rapport au rivage (Le Territoire du vide, 1990), le paysage sonore dans les campagnes françaises (Les Cloches de la terre, 1994) ou l'invention des vacances (L'Avènement des loisirs, 1996), il a ouvert un nouveau chapitre de cette exploration inédite avec une Histoire du silence (2016), La Douceur de l'ombre (Fayard, 2013) et La Fraîcheur de l'herbe (2020). En 2000, Il a reçu le grand prix d'histoire (Gobert) de l'Académie française pour l'ensemble de son œuvre.

Pierre Déom, naturaliste, est né en 1949 dans les Ardennes. Instituteur passionné, il crée en 1972 pour le club de protection de la nature (CPN) de son école, un journal étonnant promis à un bel avenir. Dans La Hulotte, qu'il remplit quasiment à lui tout seul, les informations scientifiques sont présentées avec humour et illustrées de nombreux dessins et croquis. En 1989, la revue a reçu le prix de la vulgarisation scientifique de la Fondation de France, et en 2001, l'Académie française a décerné son prix Jacques-Lacroix à Pierre Déom. Les dizaines de milliers d'abonnés, surtout jeunes, de ce semestriel à parution variable ne peuvent qu'approuver.

Joëlle Zask, née dans le Jura en 1960, enseigne au département de philosophie de l'université Aix-Marseille. Spécialiste du philosophe et psychologue John Dewey (1859-1952) dont elle a introduit et traduit plusieurs textes, elle analyse les conditions d'une culture démocratique partagée et établit des ponts entre l'écologie et l'autogouvernement démocratique.
À preuve La Démocratie aux champs (La Découverte, 2016), Quand la place devient publique (Le Bord de l'eau, 2018), Quand la forêt brûle (Premier Parallèle, 2019), Zoocities. Des animaux sauvages dans la ville (Premier Parallèle, 2020).

ILLUSTRATEURS

Stefan Große Halbuer, diplômé de design à Münster (Allemagne), est infographiste et artiste numérique et travaille depuis dix ans pour des multinationales, des start-ups, des ONG et des musiciens. Féru de couleurs claquantes, de perspectives isométriques et de détails millimétrés, il prépare la sortie de son premier opus solo, Cycle of the Shroom, livre à colorier pour adultes à tonalité cyberpunk.

Jade Khoo, formée à Singapour, est illustratrice et « layout woman » dans le cinéma d'animation. Ses dessins sont principalement inspirés des paysages du Gâtinais où elle a grandi et d'où elle tire un intérêt particulier pour l'ornithologie et la nature en général. Elle travaille actuellement sur un premier roman graphique pour les éditions Dargaud.

Benoît Lamare, libraire parisien de BD reconverti en illustrateur autodidacte et auteur, notamment pour Fluide Glacial (« Le Raisiné de la colère », « Twist à Saint-Trapèze »), est aussi portraitiste de presse pour des publications engagées, Socialter, Ballast ou La Revue Dessinée. Fan de littérature, de cinéma, de jazz et d'humour, il a croqué Thelonious Monk, Kurt Vonnegut Jr., Hugo Pratt, Stanley Kubrick, Pierre Desproges d'un trait enlevé et énamouré.

Alice Saey dessine à l'encre de Chine entre Paris et Rotterdam pour des films et des clips d'animation. Après les Arts décoratifs de Strasbourg, elle a fait vivre une mer de femmes nues, une danse d'oies égyptiennes et une chorale de volcans dans She's Young (Shaking Godspeed), Happy (Mark Lotterman) et Careful (Jo Goes Hunting), vidéos primées internationalement. Pour son prochain court-métrage Flatastic, écrit par Léa Perret, elle met en scène un ballet chaotique de raies manta et d'humains aplatis.

Linnea Sterte est une jeune artiste de bande dessinée installée au fin fond de la Suède. Les murs de sa maison sont couverts de mousse et elle se réchauffe en hiver devant sa cheminée. En plus de ses récits de science-fiction écologique qu'elle signe In-Humus ou Stages of Rot, elle dessine de drôles de grenouilles qu'on lui commande sur Internet et cède aux tatoués l'autorisation de les reproduire sur leur peau.

PHOTOGRAPHES

Jochen Lempert, né en 1956 à Moers en Rhénanie, vit à Hambourg. Biologiste de formation, il travaille d'abord comme ornithologue en mer du Nord et se spécialise dans les libellules. Depuis 1992, il se consacre à la production d'images en noir et blanc entièrement consacrées au règne animal et végétal. Dans cette œuvre singulière se mêlent la rigueur scientifique, l'approche documentaire, un humour manifeste et une certaine mélancolie.

Rika Noguchi, née en 1971 à Saitama au Japon, a été formée au College of Art de l'université Nihon. Après douze ans passés à Berlin, elle vit et travaille à Okinawa et expose à Birmingham, à Séoul, à Tokyo, à Pittsburgh et ailleurs. Passant du microscopique au macroscopique, elle a utilisé dans la série Sun un antique appareil à sténopé, qui offre une nouvelle perception du corps stellaire dans ses rapports avec la Terre.

Ces dates sont proposées à titre indicatif et sont susceptibles d'être modifiées en raison de la crise sanitaire

Printemps-automne 2021

1 5 10 15

AVRIL

21/04/2021
VAINCRE L'INJUSTICE CLIMATIQUE ET SOCIALE
Naomi Klein (Actes Sud)

29/04/2021
LA COCHENILLE, DE LA TEINTURE À LA PEINTURE
Georges Roque (Gallimard)

MAI

06/05/2021
FACE À UNE BÊTE SAUVAGE
Joëlle Zask
(Premier Parallèle)

14/05/2021
CARNETS D'ESTIVE, DES ALPES AU CHIAPAS
Pierre Madelin
(Wildproject)

J V S D L M M J V S

JUIN

← DU 01/12/2020 AU 30/09/2021 →
PLANTS BREAKING THROUGH THE EARTH
Nationalgalerie, Berlin

09/06/2021
(en présentiel et en ligne)
PEUT-ON ENCORE PRÉSERVER LES ÉCOSYSTÈMES ?
Delphine Batho et Bruno David
Institut d'études avancées, Paris

M M J V S D L M M J V S D L M

SEPTEMBRE

DU 04/09/2021 AU 05/09/2021 →
FOLIE DES PLANTES
Parc du grand Blottereau, Nantes

← DU 08/09 AU 26/09/2021 →
NUITS BOTANIQUES
Bruxelles

M J V S D L M M J V S D L M M

OCTOBRE

DU 01/10 AU 03/10/2021 →
32e ÉDITION DU FESTIVAL INTERNATIONAL DE GÉOGRAPHIE
Saint-Dié-des-Vosges

← DU 01/10 AU 11/10/2021 →
FÊTE DE LA SCIENCE
France

DU 14/10 AU 17/10/2021 →
LES ÉCRANS DE L'AVENTURE
Dijon

V S D L M M J V S D L M M J V

À voir — À visiter — À lire — À écouter

20 — 25 — 30

← DU 22/05 AU 24/05/2021 →
FESTIVAL ÉTONNANTS VOYAGEURS
Saint-Malo

20/05/2021
DES EMPIRES SOUS LA TERRE
Mohamed Amer Meziane
(La Découverte)

← DU 24/05 AU 30/05/2021 →
ou
DU 16/07 AU 18/07/2021
5E ÉDITION
OH LES BEAUX JOURS !
Marseille

D L M M J V S D L M M J V S D L

17/06/2021
AUPRÈS DE MON ARBRE
Jean-Luc Muscat
(Le Mot et le Reste)

DU 23/06 AU 25/06/2021 →
OUISHARE FEST
Paris

27/06/2021 15H
CONCERT : WALDEN
Loïc Guénin
Nouveau théâtre de Montreuil

M J V S D L M M J V S D

JUILLET-AOÛT

DU 02/07 AU 03/07/2021
MUREX FESTIVAL
Toulon

DU 25/08 AU 11/09/2021
CINÉ-JARDINS
Paris

← DU 16/09 AU 19/09/2021
FESTIVAL LUMEXPLORE
La Ciotat

← DU 02/04/2021 AU 30/01/2022 →
LA TERRE EN HÉRITAGE, DU NÉOLITHIQUE À NOUS
Musée des Confluences, Lyon

DU 27/09 AU 03/10/2021 →
FESTIVAL WHAT A TRIP !
Montpellier

← DU 01/09 AU 30/09/2021
SEPTEMBRE EN MER
Marseille

J V S D L M M J V S D L M M J

← DU 18/10 AU 24/10/2021 →
en salle
← DU 02/10 AU 01/11/2021 →
en ligne
LE GRAND BIVOUAC – FESTIVAL 2021

← DU 20/05 AU 31/10/2021
SALGADO AMAZÔNIA
Jean-Michel Jarre, Lélia Wanick Salgado
Philharmonie de Paris, Paris

S D L M M J V S D L M M J V S D

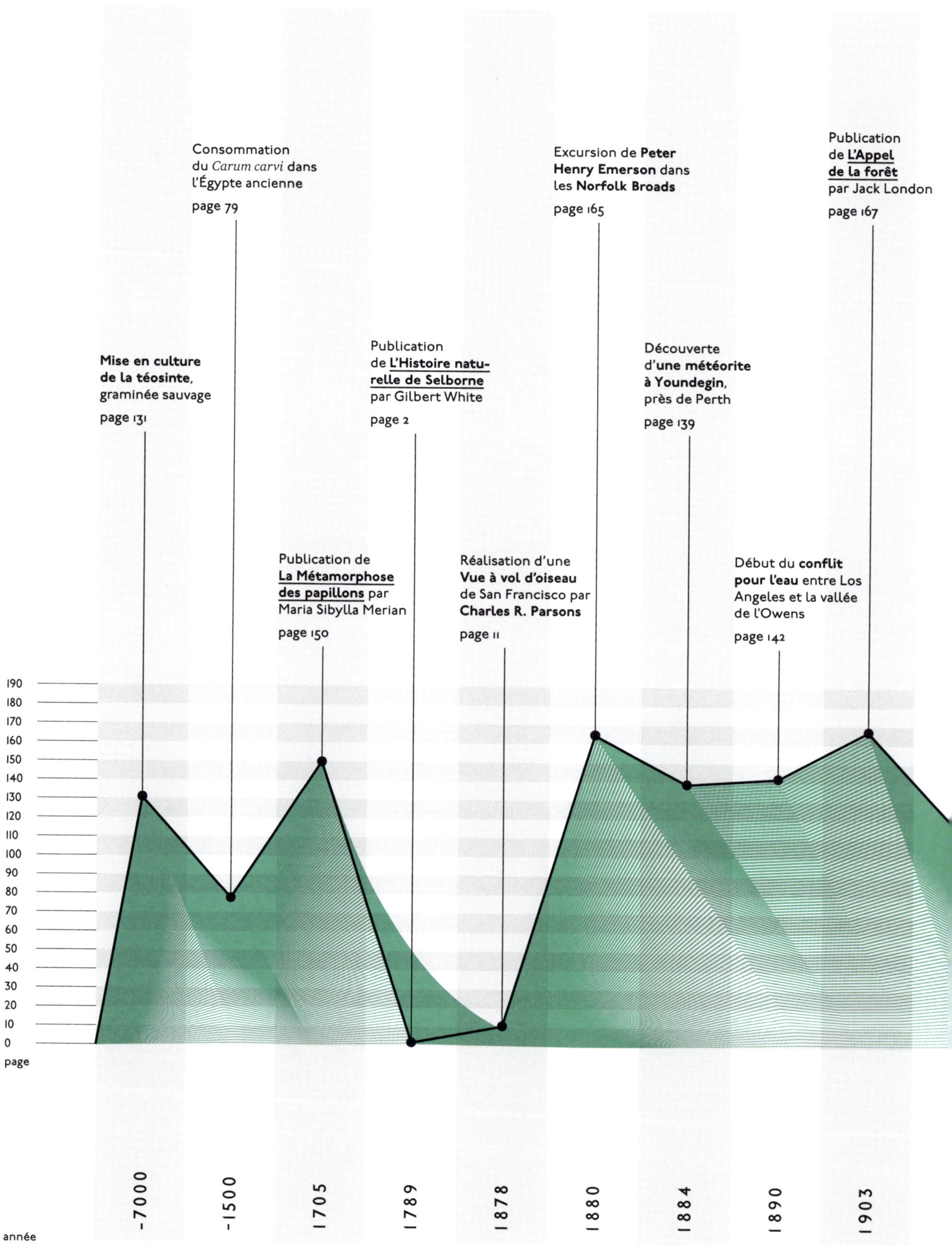
Consommation du *Carum carvi* dans l'Égypte ancienne
page 79
Excursion de **Peter Henry Emerson** dans les **Norfolk Broads**
page 165
Publication de **L'Appel de la forêt** par Jack London
page 167
Mise en culture de la téosinte, graminée sauvage
page 131
Publication de **L'Histoire naturelle de Selborne** par Gilbert White
page 2
Découverte d'une météorite à Youndegin, près de Perth
page 139
Publication de **La Métamorphose des papillons** par Maria Sibylla Merian
page 150
Réalisation d'une **Vue à vol d'oiseau** de San Francisco par **Charles R. Parsons**
page 11
Début du **conflit pour l'eau** entre Los Angeles et la vallée de l'Owens
page 142
190
180
170
160
150
140
130
120
110
100
90
80
70
60
50
40
30
20
10
0
page
-7000
-1500
1705
1789
1878
1880
1884
1890
1903
année

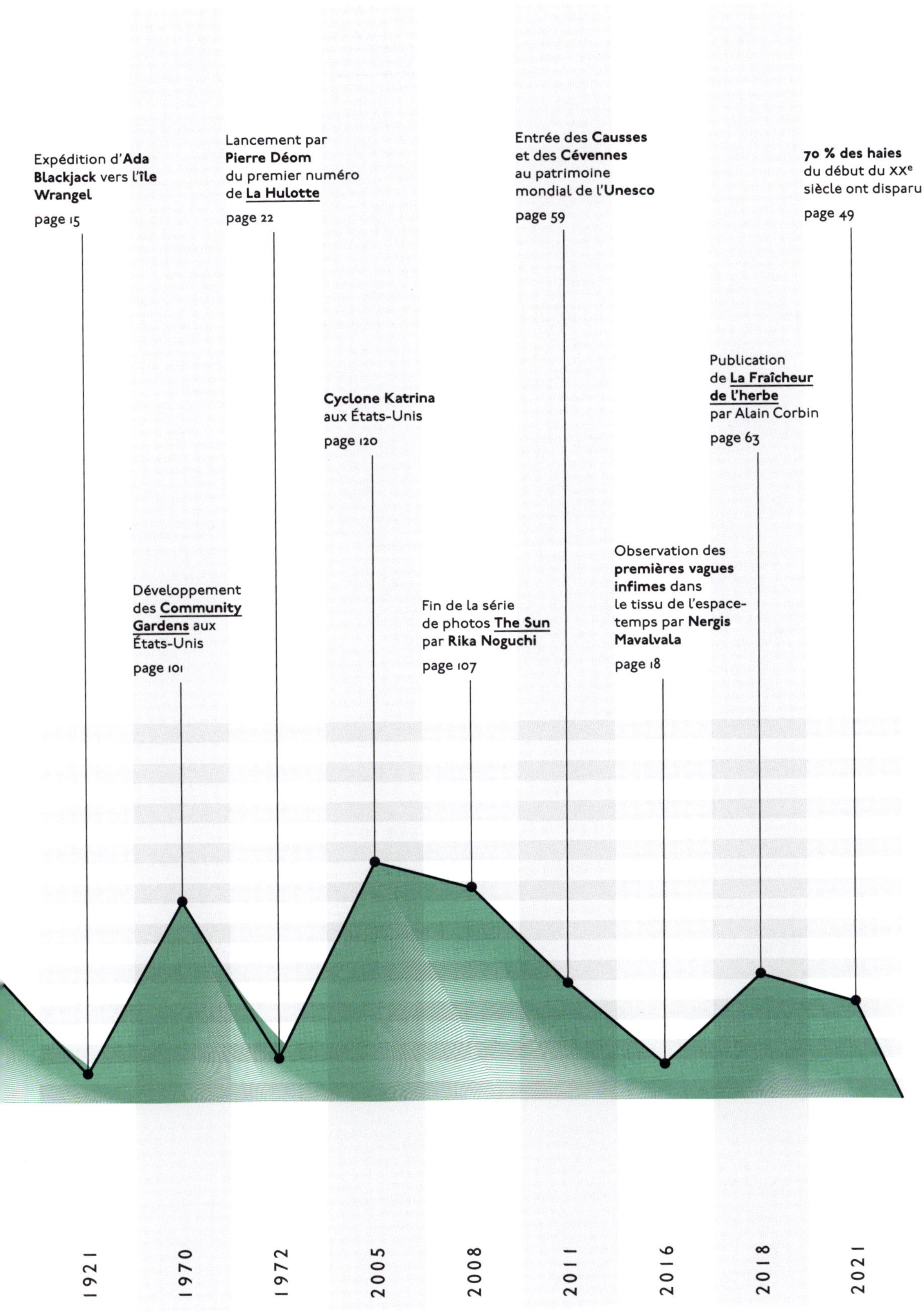
Expédition d'**Ada Blackjack** vers l'**île Wrangel**
page 15
Développement des **Community Gardens** aux États-Unis
page 101
Lancement par **Pierre Déom** du premier numéro de **La Hulotte**
page 22
Cyclone Katrina aux États-Unis
page 120
Fin de la série de photos **The Sun** par **Rika Noguchi**
page 107
Entrée des **Causses** et des **Cévennes** au patrimoine mondial de l'**Unesco**
page 59
Observation des **premières vagues infimes** dans le tissu de l'espace-temps par **Nergis Mavalvala**
page 18
Publication de **La Fraîcheur de l'herbe** par Alain Corbin
page 63
70 % des haies du début du XXe siècle ont disparu
page 49
1921
1970
1972
2005
2008
2011
2016
2018
2021

MIDI

Les palmiers veillent sur le paysage
las. Les orangers portent des grappes de soleil
d'or mûris au midi vermeil.
Un latanier balaie solitaire
des nuages dans l'azur
où fulgurent
des insectes, étincelles
subitement
nées dans d'incandescents
rayons. J'écoute le rythme du silence
embaumé de l'encens
des fleurs irréelles.
Mon âme est attirée vers la tangente
des désirs lourds que hante
divinement insaisissables
l'ombre des fantômes implacables.

Jacques Roumain

Illustration d'Alice Saey

L'OURS

DIRECTEUR DE LA PUBLICATION
Pierre Fahys

DIRECTION ÉDITORIALE
Pierre Fahys

COORDINATION ÉDITORIALE
Aubane Favier

ÉDITION
Jean-Michel Boissier

DIRECTION ARTISTIQUE
The Shelf Company

IMPRESSION
Imprimé en France par Corlet

AVEC LA PRÉCIEUSE CONTRIBUTION DE
Bérénice Bardoul, Eugénie Bourlet, Juliette Labreuche, Roxane Paillou

REMERCIEMENTS
Marie Bardelot, Clara Bastid, Pauline Beck, Paul-Arnaud Boitel, Alice-Anne Brassac, Charlotte Bourquin, Célia Bouet, Cyprien Caux, Emma Cavell, Audrey Chamboredon, Imane-Hélène Chames Eddine, Hugo Combe, Laetitia de Laurens, Bertrand Del Bosque, Tiphaine Denis, Angélique Dufour, Vincent Ferrané, Marie Fouquet, Camille Gautier, Laure Giroir, Emeric Glayse, Misaki Iinuma-Poncet, Manon Ignaszewski, Jade Jollivet, Camille Juzeau, François Klein, Ulysse Klotz, Sandra Le Bivic, Martin Ledoux, Madeleine Leroy, Le Square Gardette, Suzanne Labourie, Thomas Lion, Mélina Mattia, Clémence Moulard, Sarah Osrodka, Fleur Pédezert, Gregory Pierre, Louna Pitschi, Armelle Roncin, Aurore Saint Bris, Camille Scotto, Anne-Emmanuelle Soter, Balthazar Stubbe, Vassili Sztil, Tom Vaillant, Alix Veilhan

PEFC 10-31-1510 IMPRIM'VERT® Imprimé sur du papier issu de forêts gérées durablement

ICONOGRAPHIE
Reliefs tient à remercier les archives photographiques, les photographes, les musées, les illustrateurs et les propriétaires pour les crédits photographiques suivants : Couverture : © Jade Khoo ; p. 3 : © Linnea Sterte ; p. 8-13, p. 124 : © David Rumsey Historical Map Collection ; p. 14 à gauche : © DR ; p. 15 : © Rauner Special Collections Library ; p. 16 à droite : © National Portrait Gallery, Smithsonian Institution ; p. 17 à droite : National Portrait Gallery ; p. 23 : © Laurent Villeret ; p. 24, p. 26 (et p. 4) : © Pierre Déom – La Hulotte ; p. 30-31, p. 69, p. 71, p. 75, p. 82-83 : © Jade Khoo ; p. 34, p. 43 : © Lee Russell, New York Public Library ; p. 37 (et p. 4) : © Wing-Chi Poon, CC BY-SA 2.5 ; p. 39 : © Mr. Anderson, Archives New Zealand ; p. 40 : © Joadl, CC BY-SA 3.0 AT, Wikimedia Commons ; p. 44, p. 47-48, p. 150-155 : © Biodiversity Heritage Library ; p. 50 : © Smithsonian Libraries ; p. 52, p. 55-56, p. 58, p. 60 (et p. 4) : © Anne-Marie Brisebarre ; p. 62 : © Archives Normandie 39-45 ; p. 65 : © Bibliothèque Municipale, Dijon, Burgundy, France ; p. 66 : © Ikmo-ned, Wikimedia Commons ; p. 85-94 (et p. 5) : © Jochen Lempert ; p. 96, p. 174-177 : © Ben Lamare ; p. 106-116 : © Noguchi Rika, courtesy of the artist and Taka Ishii Gallery ; p. 118 : © Photo courtesy of Peter Buschmann, United States Forest Service, USDA. Some additional editing by W. Carter, Wikimedia Commons ; p. 119 : © Dorothea Lange, Library of Congress ; p. 120 : © NASA Earth Observatory ; p. 128 : © Solomon D. Butcher, Library of Congress ; p. 133 : © Arthur Rothstein, Library of Congress ; p. 134 : © John Vachon, Library of Congress ; p. 138-139 : © Western Australia Museum ; p. 141, p. 144 : © Library of Congress ; p. 14 à droite, p. 143, p. 147 (et p. 5) : © The New York Public Library ; p. 145 : © Arnold Genthe, Wikimedia Commons ; p. 150-155 : © Smithsonian Libraries, BHL ; p. 156-164 : © The Metropolitan Museum of Art, New York, Gift of Joyce F. Menschel, 2008 ; p. 166-167, p. 169-172 : © Stefan Große Halbuer ; p. 183 (et p. 5) : © Alice Saey ; p. 184 : © Jim Pfeiffenberger, NPS

Malgré toute notre bonne volonté et des recherches approfondies, il ne nous a pas été possible de retrouver les propriétaires ou ayants-droit de certaines images. Nous leur appliquons la mention droits réservés (DR). S'ils souhaitent nous contacter, nous sommes à leur disposition.

La liste des libraires distribuant Reliefs et notre boutique en ligne sont sur notre site **RELIEFSEDITIONS.COM**

facebook.com / reliefseditions
twitter.com / reliefseditions
instagram.com / reliefseditions

contact@reliefseditions.com

Retrouvez l'ensemble de nos collections, des carnets de notes sur mesure, et bien d'autres objets de papeterie inédits dans la **boutique Reliefs** :
17, rue Lacharrière, 75011 Paris
09 86 73 97 87
Horaires : du lundi au vendredi de 10h à 13h30 et de 14h30 à 18h ; le samedi de 12h30 à 19h

ABONNEMENT
1 an (2 numéros) : 49 euros (frais de port inclus)
2 ans (4 numéros) : 98 euros (frais de port inclus)

OFFRE DÉCOUVERTE
Faites découvrir Reliefs à un proche
Deux revues Reliefs au choix parmi les numéros disponibles (#11, #12 et #13) + les quatre prochains numéros (#14, #15, #16 et #17) + un carnet de notes offert : 114 euros (frais de port offerts)

Pour toute demande d'abonnement, ou pour bénéficier de l'offre Découverte, merci de nous écrire un mail à : abonnement@reliefseditions.com

RELATIONS PRESSE ET RELATIONS LIBRAIRES
contact@reliefseditions.com

DIFFUSION
Harmonia Mundi Livre

Reliefs, édité par Reliefs Éditions
SARL au capital de 78 180 euros
Siège social : 17, rue Lacharrière, 75011 Paris

ISBN : 978-2-38036-046-2
ISSN : 2493-366X
DÉPÔT LÉGAL : 2e trimestre 2021

PLAYLIST ▸ Hector Berlioz, Symphonie fantastique - III. Scène aux champs ▸ Tchaikovsky, Les Saisons, 8. Août, Les moissons ▸ Alexandre Desplat, The meadow ▸ Rostam Batmanglij, THE OA: PART I., Prairie's Violin Solo / Homer ▸ Les Chœurs de l'Armée Rouge, Plaine, ma plaine (Poljuško-Pole) ▸ Enya, Pale Grass Blue ▸ Jay Hungar & Molly Mason, Prairie Spring Waltz ▸ Sons of the Pioneers, Blue Prairie ▸ The Prairie Ramblers, The Man That Comes Around ▸ Woody Guthrie, Pastures of Plenty ▸ Jimmie Rodgers, Prairie Lullaby ▸ The Carter Family, Mid The Green Fields Of Virginia ▸ Colter Wall, Bury Me Not on the lone Prairie ▸ Claudia Cardinale, Prairie Woman ▸ Marlene Dietrich, Où vont les fleurs ▸ Brigitte Fontaine, Areski Belkacem, Le brin d'herbe ▸ Felt, Evergreen Dazed ▸ Yo La Tengo, Green Arrow ▸ Vampire Weekend, Flower Moon ▸ Animal Collective, Grass ▸ The Good, The Bad and The Queen, Green Fields ▸ Sibylle Baier, Colour Green ▸ Tom Waits, Green Grass ▸ Timber Timbre, Lay Down in the Tall Grass ▸ MF DOOM, Lemon Grass ▸ Koji Kondo, Hyrule, (The Legend of Zelda : Ocarina of Time) ▸ Sufjan Stevens, Prairie Fire that wanders about ▸ Gustavo Santaolalla, Pampa ▸ T. Rex, Diamond Meadows ▸ Jefferson Airplane, Meadowlands ▸ Harlem, Prairie my Heart ▸ Hyakkei / 百景, Prairie ▸ The Cassandra Complex, Prairie Bitch ▸ Eels, Flower ▸ Pink Floyd, Green Is The Colour ▸ Minnie Riperton, Les Fleurs ▸ Hugh Masekela, Grazing In The Grass ▸ Andrew Ashong, Flowers ▸ Miles Davis, Blue In Green ▸ The Oscar Peterson Trio, Blues Of The Prairies ▸ Blossom Dearie, Blossom's blues ▸ Ace of Base, Life is a Flower

Retrouvez la playlist sur notre compte Spotify : Revuereliefs

9 782380 360462